吴欣歆 ◇ 顾问

名著阅读百问百答

纪秋香　陈　沛 ◇ 主　编
周　剑　曹　郁 ◇ 副主编

河北出版传媒集团
河北教育出版社

图书在版编目（CIP）数据

名著阅读百问百答 / 纪秋香，陈沛主编. －－ 石家庄：河北教育出版社，2019.9
ISBN 978-7-5545-4589-8

Ⅰ.①名… Ⅱ.①纪… ②陈… Ⅲ.①阅读课－高中－教学参考资料 Ⅳ.①G634.333

中国版本图书馆CIP数据核字(2018)第179098号

主　　编	纪秋香　陈　沛
副主编	周　剑　曹　郁
编　　委	(以姓氏笔画为序)
	邓义兰　叶地凤　申春秀　李　慧
	李天琦　何　莉　钱梦玲

书　　名	名著阅读百问百答
	MINGZHU YUEDU BAIWEN BAIDA
策　　划	董素山　张　辉
责任编辑	孙雪松　王　哲
装帧设计	牛亚勋　郝　旭
出版发行	河北出版传媒集团
	河北教育出版社　http://www.hbep.com
	(石家庄市联盟路705号，050061)
印　　制	石家庄众旺彩印有限公司
开　　本	880mm×1230mm　1/32
印　　张	7.5
字　　数	150千字
版　　次	2019年9月第1版
印　　次	2019年9月第1次印刷
书　　号	ISBN 978-7-5545-4589-8
定　　价	32.00元

版权所有，翻印必究

序 言

　　党的十八大报告明确提出"把立德树人作为教育的根本任务"。立什么样的"德"？树什么样的"人"？怎样实现"立德树人"？习近平总书记的教育思想对此做出了清晰全面的阐释，即"一个核心、两翼驱动、三个抓手、四个保障"，"一个核心，即价值育人，培育和践行社会主义核心价值观，这是教育改革与发展的动力源和方向标；两翼驱动，即教师育人、家庭育人，这是教育改革和发展的梦之队与责任人；三个抓手，即文化育人、榜样育人、健康育人，这是教育改革和发展的关键环节与着力之处；四个保障，即创新育人、公平育人、实践育人、开放育人，这是教育改革和发展的基本保障与制度基础"。这一教育思想的提出，明确了"为谁培养人""培养什么人""怎样培养人"的问题，形成了相互支撑、互有侧重的教育思想体系。

　　语文学科的育人价值体现在很多方面，阅读作为语文这一学科重要的育人载体，也在试图回应"培养什么人"和"怎样培养人"的问题。

《普通高中语文课程标准（2017年版）》（以下简称《高中课标（2017年版）》）在"整本书阅读与研讨"这一学习任务群中明确提出："引导学生通过阅读整本书，拓展阅读视野，建构阅读整本书的经验，形成适合自己的读书方法，提升阅读鉴赏能力，养成良好的阅读习惯，促进学生对中华优秀传统文化、革命文化、社会主义先进文化的深入学习和思考，形成正确的世界观、人生观和价值观。"语文学科读书育人，其核心价值体现为培育和践行社会主义核心价值观。

怎样借助阅读培养人呢？这需要教师和家长形成合力。学校和家庭是社会的基本单元，是教育发生的两个重要场所。其中，学校承担着教育的主体责任，家庭需要配合学校，通过言传身教，帮助学生养成良好的思想品德，养成良好的阅读习惯和学习习惯。

自党的十八大以来，"开展全民阅读活动"成为党中央的一项重要战略部署，此后在政府工作报告和《国家"十二五"时期文化改革发展规划纲要》《国家基本公共服务体系"十二五"规划》等系列报告和规划中也多次倡导开展全民阅读活动并提出了明确要求。2016年国家新闻出版广电总局根据国务院立法工作计划起草了《全民阅读促进条例（征求意见稿）》，并向社会公开征求意见。《全民阅读促进条例（征求意见稿）》共五章三十二条，旨在用法律保障对全民阅读的服务，促进全民阅读。这一系列举措表明，"全民阅读"已经上升为国家发展战略。

名著阅读是提升公民素养的重要内容，主要以整本书阅读的方式进行。作为未来社会的合格公民，学生要能够稳定持久、有兴味地阅读名著。要开展名著阅读活动，全社会，特别是教师和家长要对名著阅读的内容选择、策略使用、程度标准有比较全面的了解，《名著阅读百问百答》正是一本呈现上述内容的书。

　　《名著阅读百问百答》由北京市优秀教研员、一线教师编写，从整体到局部，全面、具体地回应了教师、家长在名著阅读方面产生的疑问，有助于教师科学地开展名著阅读课程建设，有助于家长合理地陪伴孩子完成名著阅读任务，统整学校和家庭的力量，促进学生阅读能力的发展。《名著阅读百问百答》理论结构清晰，话语方式浅近，便于检索，易于理解，讲通了道理，提供了办法，是一本好读好学的书。

　　期待这本书能够帮助广大教师和家长在名著阅读的路上走得更远，收获更多。

吴欣歆

前　言

2018年1月,《高中课标(2017年版)》正式颁布,以"学习任务群"的形式规定了高中语文课程的学习内容,"整本书阅读与研讨"被列为18个学习任务群之首,受到社会的普遍关注。《高中课标(2017年版)》要求学生能够找到阅读整本书的门径,养成阅读整本书的习惯,积累个性化的阅读经验,这样的目标定位需要打通和规划义务教育和高中两个学习阶段,整合家庭、学校、社区三个方面的力量,最大限度地发挥不同阅读空间的作用,使之形成合力,共同促进学生阅读能力的发展。其中,学校应发挥重要的指导作用,家庭要能够陪伴、引导和帮助孩子养成良好的习惯,社区需要提供优质的阅读资源。

怎样才能更好地帮助教师了解阅读能力发展的一般规律,熟悉整本书阅读的相关要求?怎样才能帮助家长,让家庭领域下的阅读也有科学的指导策略?怎样才能消除学校和家庭阅读指导的空间壁垒,使之更好地融为一体?……为解决这些问题,我们组织北京市优秀的教研员、一线教师共同编写了这本《名著阅读百问百答》。

第一阶段，我们面向教师和家长收集了 500 个问题，对问题进行分类整合，并邀请一些教师、家长参与问题的整理和讨论工作。通过与家长代表面对面的交流，我们从诸多问题中梳理出其生成过程与本质，选出 120 多个能够通过具体的操作策略解决的问题，交给一线教师进行二次筛选，最终圈定了 100 个问题。

第二阶段，我们提炼出问题的核心概念，借助语文教育的相关研究建立分类标准，经过两个轮次的讨论，确定了本书内容的框架结构：阅读发展标准、书目选择方向、基本阅读规律、阅读方法指导、典型问题解决。对每个问题的回应，都涉及问题提出的背景、解决问题的理论依据和具体的操作方法三个维度，以期为教师、家长提供确切的帮助。

第三阶段，我们请教师代表和家长代表通读书稿，标识出阅读过程中觉得"不够充分"和"不够清晰"的地方。编写组围绕教师代表和家长代表提出的问题展开讨论，分析问题产生的原因，确认需要调整和修改的内容，形成修改意见。

为了让本书的语言贴近普通读者的话语系统，给大家一个良好的阅读体验，成书之后，我们调整了语言的表述方式，对语文教育研究领域的专业术语重新进行了表述。必须说明的是，虽然有良好的愿望，但我们在这一方面仍有做得不到位的地方，恳请读者谅解，我们会继续寻找更好的表述方式。

一个国家语言文字的发展和传播，不但直接影响国家对外交流的软实力,而且与发展国家本土文化有密切的关系。整本书阅读为学生提供了更为广阔的文化视野,是学生学习语言文字的重要资源,也是学生继承和弘扬中华优秀传统文化、革命文化和社会主义先进文化的重要平台。希望整本书阅读能够成为学校和家庭教育的重要载体,希望越来越多的孩子可以在整本书阅读中体验阅读的愉悦,丰富自己的精神世界,获得成长的力量。

目 录

第一部分 阅读发展标准 /1

1. 学段不同,阅读要求有什么不同? /2
2. 小学低段(1~2年级)孩子的阅读重点是什么? /5
3. 小学中段(3~4年级)孩子在读书过程中的积累涉及哪些方面? /7
4. 小学高段(5~6年级)孩子的阅读速度应该达到什么水平? /10
5. 初中生怎样安排阅读时间? /12
6. 与初中生相比,高中生需要提高哪些方面的阅读能力? /14
7. 北京中、高考对名著阅读的具体考试要求是什么? /17
8. 学段不同,阅读测试文本和测试形式有什么不同? /20
9. 初三学生名著阅读试题失分的原因有哪些? /22
10. 高中生是否只需要完成高考语文学科必考书目的阅读任务? /25
11. 整本书阅读成为高中语文课程内容后,与课外阅读有什么区别? /28
12. 孩子很喜欢读书,家长应该怎样帮助他在考试中取得更好的成绩? /31
13. 阅读能力的组成要素有哪些? /34
14. 孩子可以从哪些角度分享阅读体验? /35

15. 如何帮助孩子梳理阅读素材中的语文知识？/37

16. 和其他国家相比，我国参加 PISA 阅读素养测评有哪些优势和劣势？/39

17. PISA 阅读素养的测评要求对我们有什么启示？/42

18. PIRLS 关注儿童阅读状况的目的是什么？/45

19. NAEP 为什么要单独设置词汇评估？/47

20. NAEP 为什么区分不同文本来评估学生的阅读能力？/49

第二部分　书目选择方向 /51

21. 经典对学生成长的价值是什么？/52

22. 如何看待经典童话的教育价值？/54

23. 如何看待四大名著的教育价值？/57

24. 怎样帮助学生从文化论著中汲取营养？/60

25. 哪些书目能够帮助学生了解我国古代文学的概貌？/63

26. 阅读名著对孩子的课内学习有哪些帮助？/65

27. 学习名家名篇后，教师让孩子借阅相关作品，目的是什么？/67

28. 为何要进行全科阅读？/69

29. 从课标推荐书目看，初中生的阅读应该涉及哪些领域？/71

第三部分　基本阅读规律 /73

30. 怎样引领孩子将阅读收获转化为写作能力？/74

31. 摘抄好词好句的正确做法是怎样的？ /76

32. 怎样利用阅读分享增强学生的语言表达能力？ /78

33. 阅读一本书的一般过程是怎样的？ /80

34. 怎样培养孩子的阅读习惯？ /82

35. 如何才能把书"读薄"？ /84

36. 家长如何指导孩子自主阅读？ /86

37. 怎样引导孩子深入阅读？ /88

38. 家长如何引导小学阶段的孩子边读边思？ /90

39. 经典为什么值得反复阅读？ /92

40. 如何帮助孩子完整、清晰地复述整本书的内容？ /94

41. 如何启发孩子表达个人在阅读过程中的体会与思考？ /96

42. 家长怎样帮助小学中段的孩子发展提取信息的能力？ /98

43. 怎样帮助小学高段的孩子提高形成解释的能力？ /100

44. 怎样帮助初中生在完成阅读后形成自己的观点？ /103

45. 怎样引领高中生从不同角度欣赏和评价阅读文本？ /105

46. 如何引领学生借助经典阅读实现自我发展与完善？ /108

第四部分 **阅读方法指导** /111

47. 如何指导孩子精读一本书呢？ /112

48. 阅读过程中的初读、重读和细读分别指的是什么？ /114

49. 如何帮助小学中段的孩子学会做批注？ /116

50. 是否可以借助影视作品辅助阅读名著？ /118

51. 孩子应该怎样写读书笔记？ /120

52. 怎样引导孩子交流讨论阅读内容？ /122

53. 思维导图对孩子读书有什么帮助？ /124

54. 怎样陪伴孩子阅读经典作品？ /127

55. 怎样通过主题阅读提升孩子的阅读素养？ /129

56. 怎样帮助孩子在阅读时提出好问题？ /131

57. 怎样指导孩子结合作品内容表达自己的认识？ /133

第五部分　典型问题解决 /135

58. 怎样确保孩子的阅读时间？ /136

59. 如何培养孩子阅读的意志力？ /138

60. 什么时候培养孩子的阅读兴趣更合适？ /140

61. 怎样确保规定时间内孩子的读书效果？ /142

62. 怎样帮助孩子拓展阅读视野？ /144

63. 怎样帮助孩子规划好阅读时间，从而坚持读完一部经典？ /146

64. 用朗读的方式阅读名著是否可行？ /148

65. 用物质激励孩子读书是否可行？ /150

66. 怎样帮助孩子从娱乐式阅读走向学习式阅读？ /152

67. 用听读的方式完成名著阅读是否可行？/154

68. 小学低段的孩子识字量少，怎样培养他们的阅读能力？/155

69. 怎样进行亲子共读效果更好？/157

70. 家长想让孩子读的书，孩子不喜欢怎么办？/159

71. 孩子爱看书，为什么看完就忘了？/161

72. 在旅行的路上，孩子适合读什么书？/163

73. 如何帮助孩子摆脱为了考试而读书的心理？/165

74. 如何帮助孩子读"磨脑子"的书？/167

75. 如何帮助孩子提高阅读速度？/169

76. 如何指导孩子写好阅读笔记？/171

77. 如何引导孩子选择适合自己的经典来阅读？/174

78. 孩子读名著可以不求甚解吗？/176

79. 如何引导孩子重读经典？/178

80. 怎样引导男生阅读《红楼梦》？/180

81. 如何让女生爱上《三国演义》？/182

82. 如何引导孩子在阅读和写作之间搭建桥梁？/184

83. 写作业时间严重挤占阅读时间，怎么办？/186

84. 孩子旁听名著阅读讲座有什么好处？/188

85. 如何激发孩子持久的阅读内动力？/190

86. 小学生和中学生阅读《西游记》，要求有何不同？/192

87. 孩子的阅读认识跟成人不一样，怎么办？/195

88. 如何考查孩子的阅读成果？/197

89. 如何有效地参与孩子的阅读？/199

90. 不同学段的孩子适合阅读哪些古典书籍？/201

91. 孩子不喜欢读外国作品怎么办？/203

92. 如何处理好泛读与精读的关系？/205

93. 为何要处理好读与摘、思、写的关系？/207

94. 如何借助资料深入阅读名著？/209

95. 如何评价阅读名著的效果？/211

96. 哪方面的书籍适合亲子共读？/213

97. 如何利用影音资料培养孩子的阅读兴趣？/215

98. 如何引导中学生在假期阅读名著？/217

99. 名著一定要从头开始读吗？/219

100. 如何帮助孩子把书读透？/221

参考文献 /223

第一部分　阅读发展标准

　　阅读指导是家庭教育的重要内容之一，很多家长已经形成了和孩子共同阅读的习惯。但是，对于不同学段的孩子，家长也遇到了不同的问题。比如，学段不同，阅读要求有何不同？阅读能力有哪些具体的差别？阅读测试的形式有何不同？中考、高考对名著阅读的具体要求是什么？如果家长能够准确地把握孩子阅读的实际状态，能够准确地判断孩子现有水平和应有水平的差距，就能更加从容地陪伴孩子，并提供更加真实的帮助，家庭阅读就会更加有序、有效、有质量。

1. 学段不同，阅读要求有什么不同？

学生的基础教育分为两个阶段，即九年义务教育阶段和三年普通高中教育阶段。不同教育阶段的语文课程标准对学生的阅读要求不同。

《义务教育语文课程标准（2011年版）》（以下简称《义教课标（2011年版）》）对学生的阅读要求是："具有独立阅读的能力，学会运用多种阅读方法。有较为丰富的积累和良好的语感，注重情感体验，发展感受和理解的能力。能阅读日常的书报杂志，能初步鉴赏文学作品，丰富自己的精神世界。能借助工具书阅读浅易文言文。背诵优秀诗文240篇（段）。九年课外阅读总量应在400万字以上。"本阶段，强调学生在阅读活动中掌握阅读方法，养成良好的阅读习惯，在丰富的积累中提高独立阅读的能力。

《高中课标（2017年版）》必修课程对学生的阅读要求是："发展独立阅读的能力。灵活运用精读、略读、浏览等阅读方法，从整体上把握文本内容，理清思路，概括要点，理解文本所表达的思想、观点和感情。努力从不同的角度和层面进行阐发、评价和质疑，对文本做出自己的分析判断。能借助注释和工具书，阅读中国古代作品，读懂文章内容，背诵一定数量的名篇。注重个性化阅读，学习探究性阅读和创造性阅读。养成相互切磋的习惯，乐于与他人交流自己的阅读鉴赏心得，展示自己的学习成果。""阅读实用类文本，能准确、迅速地把握主要内容和关键信息，对文本所涉及的材料有自己的思考和评判。阅读论述类文本，能准确把握和评价作者的观点与态度，辨析观点与材料（道理、事实、数据、图表等）之间的联系。阅读古今中外文学作品，注重审美体验，能感受形象，品味语言，领悟作品的丰富内涵，体会其艺术表现力"，要求学生"学会正确、自主地选择阅读材料，读好书，读整本书，多媒介获取信息，提高文化品位，提高阅读与表达能力。必修阶段各类文本的阅读量不低于150万字"。

《高中课标（2017年版）》选择性必修与选修课程对学生的阅读要求是："学习多角度、多层次地阅读，对优秀作品能够常读常新，获得新的体验和发现。借助工具书、图书馆和网络查找有关资料，加深对作品的理解。选择性必修阶段各类文本的阅读问题不低于150万字。在阅读鉴赏中，了解诗歌、散文、小说、戏剧等文学体裁的基本特征及主要表现手法，了解相关的中国古代文化常识，丰富传统文化积累，汲取思想、情感和艺术的营养，培养健康高尚的审美情趣，丰富、深化对历史、社会和人生的认识。""选读古今中外文化论著，在整体了解论著内容的基础上,把握论著的主要观点和基本倾向,了解用以支撑观点的关键材料,拓宽文化视野和思维空间,提高文化修养。以发展的眼光和开放的心态看待传统文化和外来文化,关注当代文化生活,能通过多种途径开展文化专题研讨。学会尊重、理解作品所体现的不同时代、不同民族、不同流派风格的文化,尝试对感兴趣的古今中外文学作品进行比较研究或专题研究,理解作品所表现出来的价值判断和审美取向,做出恰当的评价。"

整体看,高中阶段强调学生要在阅读和鉴赏活动中思考、领悟,在实践活动中发现、创新,在此基础上不断发展独立阅读的能力。

2. 小学低段（1~2年级）孩子的阅读重点是什么？

《义教课标（2011年版）》对小学低段（1~2年级）孩子阅读量的要求是："背诵优秀诗文50篇（段）。课外阅读总量不少于5万字。"这个学段的孩子，刚刚开始基础教育阶段的学习，教师和家长要引导与鼓励孩子，激发他们的阅读兴趣，帮助他们养成良好的阅读习惯。

学前教育阶段，不少孩子已经对阅读产生了一定的兴趣，但仍有部分孩子因某些客观或主观因素，没有感受到阅读的乐趣。踏入小学校园以后，孩子逐渐意识到阅读是一项每天都要开展的常规活动。教师和家长在这个时候要了解本学段孩子的心理需求与阅读规律，引导他们感受读书的乐趣，进而养成良好的阅读习惯。

第一，结合这个学段孩子的阅读规律，教师和家长要引导他们阅读浅近的童话、寓言、故事，在阅读中感受美好的情感，培养关心自然与生命的态度。大家清楚，阅读不仅需要独自静心感受文字，还需要与他人交流阅读感受与思考。因此，对于刚刚走进阅读世界的孩子，创设对话交流的阅读情境是非常有必要的。

在对话交流的情境中，让孩子对感兴趣的人物和事件谈出自己的感受与想法，发现阅读的意义，获得阅读的成就感，形成乐于与人交流的习惯，进而从内心产生对阅读的喜爱。

第二，考虑到这一学段的孩子识字量有限，图画仍然是他们认识世界的重要途径。因此，绘本是此时的优选读物，图画阅读在一定程度上可以消除孩子的阅读障碍，让他们体会到阅读的乐趣，加深阅读的感受。近年来，绘本进入了大众的视野，绘本精彩却不简单，为孩子打开了阅读的一扇窗，每个年龄段的人都能从绘本中读出自己的世界，不少语文教师也在积极探索如何开展有效的绘本阅读活动。小学低段的孩子选择阅读绘本，更能激发他们的阅读兴趣，促进他们展开想象，获得丰富的情感体验。

3. 小学中段（3～4年级）孩子在读书过程中的积累涉及哪些方面？

《义教课标（2011年版）》中明确规定小学低段（3～4年级）应"积累课文中的优美词语、精彩句段，以及在课外阅读和生活中获得的语言材料"。显然，积累是本学段孩子阅读学习的重点。孩子在读书过程中可以从以下几个方面进行积累。

第一，积累语言材料。在阅读中，教师和家长要有意识地引导孩子积累语文教材和课外书籍中的妙词佳句、精美篇章。如教材中有大量的"读读背背"的内容，包括成语、对联、谚语、名人名言、歇后语、绕口令、儿歌等，这些都是可以积累的语言材料。教材中还有大量的经典诗文，如杜牧的《山行》、朱自清的《匆匆》……孩子背诵这些文章并摘抄文中的优美词语和精彩句段。这些积累下来的语言材料，在适合的语境，会让孩子说话"妙语连珠，出口成章""文思泉涌，妙笔生花"。

第二，积累文章中的表现形式。在阅读活动中，教师和家长可以引导孩子关注文章中所运用的修辞手法（比喻句、排比句、拟人句、夸张句等），从而积累写句的方法；可以引导孩子理解并梳理总分关系、因果关系、承接关系等构成段落的方法，从而积累写段的方法；可以引导孩子关注"总—分—总"的写法、倒叙、悬念等构成篇章的写法，从而积累写篇的方法。这样，通过不断地积累和学习文章中的表现形式，孩子会慢慢领悟，得到启发，从而提高阅读能力，自然也就解决了习作中"怎么写"的问题。

第三，积累语感。语感，看不见摸不着，看似玄虚，但它确实存在。它是一个人大量阅读、感受语言、理解并内化语言后，对语言文字形成的直接而迅速的整体感知和把握能力。积累语感，教师和家长除了引导学生大量阅读外，还可以响应《义教课标（2011年版）》中的倡导——"有感情地朗读课文""诵读优秀诗文"，借助朗读活动培养孩子的语感。叶圣陶先生说过："多读作品，多训练语感，必将能驾驭文字。"

第四，提升道德情操、审美情趣、价值观念、创新精神等人文修养。教材中的大量课文以及古今中外的文学名著，都是内容丰富、形式优美的思想教育文本。在阅读学习过程中，教师和家长要设计有效的学习活动，帮助孩子感知和学习文本所阐释的人文精神，引导他们树立正确的社会主义核心价值观，促进他们形成健康的人生观和世界观。

以上列举了一些孩子在读书过程中涉及的积累，但考虑到小学中段（3~4年级）是孩子的阅读兴趣和习惯养成的关键的过渡阶段，孩子的学习习惯和学习态度正处于从可塑性强转向逐渐定型的过程,因此,建议积累的内容不宜过于琐细庞杂,积累的重点应该是阅读习惯的养成以及阅读基本方法的掌握,保护好孩子的阅读兴趣。这样才有利于促进他们阅读能力的持续发展,保障他们的阅读活动更有质量。

4. 小学高段（5～6年级）孩子的阅读速度应该达到什么水平？

小学高段（5～6年级）的孩子，他们的阅读已经从以指读、声读为主过渡到以默读为主。"默读有一定速度，默读一般读物每分钟不少于300字。"对于不同的阅读素材，孩子的阅读速度也有区别。但不管对于哪种阅读素材，孩子的阅读速度都可以通过适当的方法得到提高。

对于不同的文学样式，应采用不一样的阅读方法。诗歌、散文、文学名著适合采用常规的阅读方法，而说明文等知识性文章的阅读比较适合采用速读法。尤其是当孩子面对语文考题时，对于说明文等知识性文章的阅读要学会使用略读（跳过某些细节有选择地进行阅读，以求抓住文章的大概）、寻读（从大量的资料中迅速查找某一项具体事实或某一项特定信息，而对其他部分略去不读）等方法，以求在有限的时间里快速、高效地进行阅读和解答。

对于篇幅较长的文学名著，可以采用略读的方法，以便快速地整体感知作品。如在阅读《水浒传》时，先关注作品的主要人物和主要情节，忽略书中的诗词，形成对作品的整体印象。阅读第二遍或第三遍时，可以选择重要人物和重要情节进行精读、研读，对名著中的诗词进行赏析。这样，既提高了阅读的速度，又提高了阅读的质量。

《义教课标（2011年版）》指出这一学段的阅读应"扩展阅读面。课外阅读总量不少于100万字"。阅读量的增加可以提高大脑对文字的反应速度。除文学名著外，教师和家长应多给孩子提供一些人物传记、科技教育、时事热点、历史文化常识等方面的泛读文章，扩大孩子的阅读面，这对提高他们的阅读速度是很有帮助的。

为了提高阅读的速度，5～6年级的孩子在阅读过程中要避免一些不良的阅读方法，包括指读、声读和重读。指读是用手指、铅笔、尺子指着字或放在这些字的下面阅读。声读指出声地读，或虽然不出声但嘴里仍"念念有词"。重读是说在阅读中多次返回重新阅读。这些不良的阅读方法会分散孩子的注意力，既影响他们的阅读速度，也影响他们对于文本的理解。所以，教师和家长应有意识地对孩子的不良阅读方法加以矫正。

5. 初中生怎样安排阅读时间？

相比于小学阶段，初中阶段的功课明显繁重起来，课余时间也不再充裕。但是，时间就像海绵里的水，只要愿挤，总还是有的。阅读是一件日积月累、精细而持续的事情。除了寒暑假集中阅读外，初中生在平时也应该保持每天阅读的习惯。一般而言，初中生每天单次阅读的时长建议在半小时左右。除此以外，还建议有效利用碎片化的时间，见缝插针，挤时间来阅读，这样化零为整，达到在繁忙的学习中增加阅读量的目的。

客观地讲，让阅读实现从量变到质变，时间是基础保障。大家熟悉的"一万小时理论"，同样适用于阅读能力的形成。我们身边有很多鲜活的例子，语文学习的佼佼者大多有一个共同的特点，他们从小就喜爱读书，多年来没有间断过阅读国学经典、历史类、哲学类、时事类等书籍。他们每天坚持阅读，短则二十分钟，长则几个小时。即便是在各种大规模考试前，他们每天也要抽出一定的时间阅读。与寒暑假里的大量阅读相比，形成细水长流的读书习惯无疑更利于一个人阅读素养的提升。教师和家长要引导孩子正确认识每天读书的重要性，认识到读书的目的不在快,不在多,而在于从书中汲取营养,在于通过阅读修养一颗宁静而富有感知力的心灵。

《义教课标(2011年版)》推荐了一些名著,我们建议阅读时长分别为:《朝花夕拾》2周,《西游记》8周,《繁星·春水》2周,《假如给我三天光明》4周,《汤姆索亚历险记》3周,《海底两万里》4周,《骆驼祥子》3周,《泰戈尔诗选》2周,《童年》4周,《红岩》4周,《傅雷家书》2周,《红星照耀中国》5周,《昆虫记》4周,《鲁滨逊漂流记》3周,《钢铁是怎样炼成的》4周,《威尼斯商人》3周,《论语》4周,《三国演义》8周,《水浒传》8周,《格列佛游记》4周,《简·爱》5周。

以上列出的阅读时长是根据初中生的一般阅读能力而建议的。初中生可以根据自己阅读的实际情况,适当调整阅读速度和时间。

6. 与初中生相比，高中生需要提高哪些方面的阅读能力？

初中阶段语文课程面向全体学生，使学生获得基本的语文素养，普通高中语文课程"应使全体学生在义务教育的基础上，进一步提高语文素养，形成良好的思想道德修养和科学人文修养，为终身学习和全面而有个性的发展奠定基础，为传承和发展中华文化、增强民族凝聚力和创造力发挥应有的作用"。

关于阅读能力，《高中课标（2017年版）》必修课程学习要求明确："发展独立阅读的能力。灵活运用精读、略读、浏览等阅读方法，从整体上把握文本内容，理清思路，概括要点，理解文本所表达的思想、观点和感情。努力从不同的角度和层面进行阐发、评价和质疑，对文本做出自己的分析判断。能借助注释和工具书，阅读中国古代作品，读懂文章内容，背诵一定数量的名篇。注重个性化阅读，学习探究性阅读和创造性阅读。"

对于不同的文体，《高中课标（2017年版）》在阅读方法、内容理解、鉴赏、分析评价等方面也对高中生提出具体的学习要求："阅读实用类文本，能准确、迅速地把握主要内容和关键信息，对文本所涉及的材料有自己的思考和评判。阅读论述类文本，能准确把握和评价作者的观点与态度，辨析观点与材料（道理、事实、数据、图表等）之间的联系。阅读古今中外文学作品，注重审美体验，能感受形象，品味语言，领悟作品的丰富内涵，体会其艺术表现力；努力探索作品中蕴含的民族心理和时代精神，了解人类丰富的社会生活和情感世界，增强民族文化自信。"

与初中阶段相比，高中生需要提高的阅读能力具体表现在以下几个方面：在阅读方法上，由"能较熟练地运用略读和浏览的方法"到"灵活运用精读、略读、浏览等阅读方法"；在内容理解上，由"理解、分析主要内容"到"理解文本所表达的思想、观点和感情"；在鉴赏能力上，由"体味和推敲重要词句在语言环境中的意义和作用"到"感受和体验文学作品的语言、形象和情感之美，能欣赏、鉴别和评价不同时代、不同风格的作品，具有正确的价值观、高尚的审美情趣和审美品位"；在分析评价能力上，由"对课文的内容和表达有自己的心得，能提出自己的看法"到"努力从不同的角度和层面进行阐发、评价和质疑，对文本做出自己的分析判断"；在文言文阅读能力要求方面，由"阅读浅易文言文，能借助注释和工具书理解基本内容"到"能借助注释和工具书，阅读中国古代作品，读懂文章内容，背诵一定数量的名篇"。

整体而言，高中生应实现个性化阅读、学习探究性阅读和创造性阅读，养成对语言、文学以及文化现象独立思考、质疑探究的习惯，发展形象思维和逻辑思维，发展想象力、思辨力和批判力，增强思维的深刻性和批判性。

7. 北京中、高考对名著阅读的具体考试要求是什么?

依据《义教课标(2011年版)》《高中课标(2017年版)》中关于名著阅读的要求,部分省市教委发布了中考、高考说明,明确了关于名著阅读的考试要求。

《2018年北京中考语文学科考试说明》对名著阅读的考试要求如下:一是了解作品的主体内容,了解主要人物的性格特征和精神品质,了解作品的思想意义和价值取向;二是对作品的主题、人物、语言等有自己独特的感受和体验,并从作品中获得对自然、社会、人生的有益启示。2018年北京中考语文学科名著考查篇目共9部:《论语》《三国演义》《水浒传》《西游记》《朝花夕拾》《骆驼祥子》《红岩》《鲁滨逊漂流记》《海底两万里》。

《2018年北京高考语文学科考试说明》明确了名著阅读的考试要求。一方面提出对中外文学经典的要求,"对作品基本内容、主旨的整体把握;结合作品相关内容对人物形象、思想内涵和艺术特色的理解、分析;基于知识积累和生活经验,对作品价值、意义的感悟和评价"。另一方面提出对中国古代文学和文化经典的要求，"对作品基本内容、主旨或观点的整体把握；结合作品相关内容对人物形象、思想内涵和艺术特色或表现手法的理解、分析。基于知识积累和生活经验，对作品文化价值、时代意义的感悟和评价。对古代文化经典中名言的积累、理解和运用"。2018年北京高考语文学科名著阅读考查篇目共12部：《论语》《三国演义》《红楼梦》《呐喊》《边城》《四世同堂》《红岩》《平凡的世界》《雷雨》《欧也妮·葛朗台》《巴黎圣母院》《老人与海》。

中考名著阅读的考题通常会要求概述某一部名著的主要情节、某一片段的故事内容；在理解的基础上概括名著的主要人物及其性格特点；对名著的某一内容或某个人物做出自己的评价；说出自己阅读名著的阅读感受与体验；按要求向他人推介某一部名著；了解与名著有关的文学常识以及相关的诗句、名言、成语、歇后语等；品析名著的某个语言片段；等等。整体看，目前中考名著阅读试题着重考查学生对中外文学名著作品内容的了解情况，以及简要的阅读理解情况。教师和家长要引导学生在阅读名著时对作品作者、主要人物形象、精彩的故事情节等方面有所了解，同时对作品进行深入思考，形成自己的独到见解。

2017年北京高考语文学科考试首次考查了学生的名著阅读能力。从考查篇目看，试题涉及《2017年北京高考语文学科考试说明》要求学生必读的6部文学名著：《红楼梦》《呐喊》《边城》《红岩》《平凡的世界》《老人与海》；从考查内容看，学生可根据题目要求，选择感兴趣的人物、印象深刻的情节，写出自己的理解和感悟，给学生提供了一定的选择和开放的空间。试题着重考查学生对经典作品的整体把握，即通读整本书，对作品的基本内容、主旨的把握。试题与阅读相勾连，考查学生对经典作品的内容情节、人物形象等的理解和感悟；与微写作相勾连，在强调理解感悟的基础上，鼓励学生的个性化思考与表达。整体看，高考语文学科名著阅读试题考查了学生阅读整本书的能力和水平，要求学生在真正通读整本书的基础上，表达自己的个性化理解和感悟。中、高考助力名著阅读，促使各学段学生养成阅读整本书的意识和习惯，让名著阅读真正走入学生的生活，从而发展学生的个性化阅读能力。

8. 学段不同，阅读测试文本和测试形式有什么不同？

依据学生的年龄特点和认知特点，小学、初中、高中的阅读测试形式各有侧重。

小学阶段，阅读测试文本以现代文为主，偶尔会有文言文。现代文阅读测试文本以记叙文为主，兼有简单的说明文。常见的测试形式为选择题、填空题、连线题、简答题等。

初中阶段，阅读测试文本仍然以现代文为主，文言文占有较少但固定的比例。现代文阅读测试文本包括记叙文、说明文和议论文，这些文本不仅在篇幅上比小学阶段的长，而且在内容上也明显比小学更为复杂、更有难度。文言文阅读文本以浅易短小的篇目为主。本阶段的阅读测试形式主要是简答题，兼有少量选择题、填空题和图文转换题等。

高中阶段，现代文阅读测试文本中出现了涵盖说明文、议论文等多种文体的"长文本"，是由围绕同一主题的多则材料组合而成。文学类阅读测试文本以散文和小说为主。本阶段的现代文阅读测试文本，篇幅更长，难度更高，体现了对高中生阅读能力的更高要求。文言文阅读以叙事性较强的文言文为主，古诗文以知名诗人的不知名佳作为主，兼有不知名诗人的佳作。本阶段的阅读测试形式仍然以简答题为主，兼有选择题，偶尔采用填空题。

在不同学段，名著阅读的测试形式也有不同。初中阶段，以填空题为主，兼有图文转换题和少量的选择题，也有与写作相结合的测试题。高中阶段，或勾连现代文阅读文章，采用选择题和简答题；或勾连微写作，以综合表达的方式进行考查。

9. 初三学生名著阅读试题失分的原因有哪些？

要想了解初三学生名著阅读试题失分的原因，需要先简要分析一下中考语文学科名著阅读试题考查的重点。整体看，中考语文学科对名著阅读能力的考查，主要表现为三个层级：基础阅读，把握名著的基本内容与主题；关联阅读，建立局部与整体的关系；个性化阅读，表达个人的阅读理解与感悟。下面以2017年北京中考语文学科的名著阅读题为例进行简要分析。

2017年北京中考语文学科的名著阅读试题着重对名著阅读的整体把握与个性化阅读感受的考查，而且这种考查正处于加大关联阅读考查力度的阶段。比如，对老舍的《骆驼祥子》与鲁迅的《朝花夕拾》的考查，重点在把握作品主要内容、简要了解作者、感知作品的艺术风格等方面。试题对这两部名著内容的考查处于第一层级。又如，对《论语》的考查，要求从六则语段中任选一则谈谈对孔子思想的认识；对《鲁滨逊漂流记》的考查，除了要求学生了解主要情节与主要人物，初步建立这两者之间的关联外，还要求学生阐述阅读作品后所获得的启示。试题对这两部名著的考查处于第二层级和第三层级。再如，对四大名著的考查，要求学生从《三国演义》《水浒传》《西游记》中任选一部，找出中心人物，并结合整本书说明这一人物在作品中是如何发挥中心作用的。试题侧重考查学生在阅读完整本书后的独特感受，考查处于第三层级。从2017年北京中考语文学科名著阅读试题的考查重点来看，对关联阅读和个性化阅读考查的力度较大，这要求学生重视从整体上把握名著作品，重视名著阅读的个性化思考与感悟。

综合分析，初三学生名著阅读试题失分的原因主要有以下几方面：

第一，在基础阅读层级。学生不了解名著的主要情节或主要人物，或者是虽然熟悉但忽略了具体、细致的感受，只是大致了解而没有做到准确识记；学生对于文言文语句的理解能力弱，没能读懂考题提供的文言文语段的语意，因而不能按照题目要求做出准确的回答；学生没有掌握名著作品基本的艺术手法、艺术风格，在试题要求结合作品内容具体分析时，不能辨识作品中的相关内容，导致失分。

第二，在关联阅读层级。试题一般要求学生联系作品前后情节来作答，可是学生在日常阅读中并没有建立起整本书前后联系阅读的意识，阅读也不够具体、细致，在考查情境中，便无法将作品的相关内容建立联系并做出分析，因此不能准确而全面地答题，导致失分。

第三，在个性化阅读层级。个性化阅读建立在通读作品、充分了解作品内容并能够在整本书阅读的基础上理解作品。如果学生没有完成关于整本书的基础性阅读活动，面对试题要求的个性化分析与表达，他们必然无法很好地作答。

第四，学生答题失分，与他们自身的学习习惯、表达能力等有关。比如，学生未能审清题意，未能按照试题要求答题，这样自然会失分。再如，学生阅读准备很充分，理解题意也很准确，可是个人的语言表达能力不够，这样也会影响得分。

当代教育强调发展学生的核心素养，未来试题考查的重点必然是学生的核心素养，因此，教师要以全面发展学生核心素养为目标，日常注重开展更加有效的语文阅读活动。

10. 高中生是否只需要完成高考语文学科必考书目的阅读任务？

答案当然是否定的。

《高中课标（2017年版）》明确指出："普通高中语文课程，应使全体学生在义务教育的基础上，进一步提高语文素养，形成良好的思想道德修养和科学人文修养，为终身学习和全面而有个性的发展奠定基础，为传承和发展中华文化、增强民族凝聚力和创造力发挥应有的作用。"高考是选拔性考试，是高等学校择优录取高中生的考试，因此，仅仅完成高考语文学科必考书目的阅读任务，显然是有局限性的。

《高中课标（2017年版）》还强调，"高中阶段要求学生在课内外加强阅读，培养阅读的兴趣和习惯，提升阅读品位，掌握阅读方法，提高阅读能力，让学生在阅读中拓宽视野，领略人类社会气象与文化，体验中华优秀传统文化、革命文化和社会主义先进文化，提高语言文字运用能力与思想文化修养，丰富精神世界"，明确指出学生"必修阶段各类文本的阅读总量不低于150万字"，"选择性必修阶段各类文本的阅读总量不低于150万字"，

并且列举了高中阶段的课外阅读篇目:

文化经典著作,如《论语》《孟子》《老子》《庄子》《史记》等。

诗歌,如毛泽东诗词,郭沫若、戴望舒、艾青、臧克家、贺敬之、郭小川等的作品,海涅、普希金、惠特曼、泰戈尔等的作品。

小说,如罗贯中《三国演义》、曹雪芹《红楼梦》、吴敬梓《儒林外史》、鲁迅《呐喊》《彷徨》、茅盾《子夜》、巴金《家》、老舍《四世同堂》、沈从文《边城》、周立波《暴风骤雨》、路遥《平凡的世界》;塞万提斯《堂吉诃德》、雨果《悲惨世界》、巴尔扎克《欧也妮·葛朗台》、狄更斯《大卫·科波菲尔》、列夫·托尔斯泰《战争与和平》、罗曼·罗兰《约翰·克利斯朵夫》、海明威《老人与海》、莫泊桑短篇小说、契诃夫短篇小说、欧·亨利短篇小说等。

散文,如鲁迅杂文、朱自清散文、叶圣陶散文等。

剧本,如关汉卿《窦娥冤》、王实甫《西厢记》、汤显祖《牡丹亭》、郭沫若《屈原》、曹禺《雷雨》、老舍《茶馆》、莎士比亚《哈姆雷特》等。

语言文学理论著作,如吕叔湘《语文常谈》、朱光潜《谈美书简》、爱克曼《歌德谈话录》等。

当代文学作品,包括反映中国革命与社会主义先进文化的作品,可以从各类中外优秀作品中选择推荐。

科学与人文方面的各类读物可由语文教师和各有关学科教师商议推荐。

因此，高中教师要以《高中课标（2017年版）》中的具体要求为依据，正确看待高考阅读测试与日常阅读学习的关系，从而有效地开展整本书阅读与研讨活动。足够的阅读量是阅读素养得以提升的基本条件，培养良好的阅读习惯，形成终身阅读能力，这也是高考阅读考查的重点。

11. 整本书阅读成为高中语文课程内容后,与课外阅读有什么区别?

课外阅读是语文课堂阅读之外的各种独立阅读活动,它是语文课堂阅读的补充和扩展,是学生阅读能力提升的必要组成部分。课外阅读一般以个人阅读为主,更具独立性和自主性,因此有利于培养独立阅读的兴趣和习惯,有利于提高独立阅读的能力。同时,由于课外阅读的内容广泛、多样,也有利于开阔视野,扩大知识面,加深对课内阅读内容的理解。课外阅读历来为教师、学生、家长所重视,历次修订的高中语文课程标准中都对课外阅读提出了明确要求。

课外阅读与整本书阅读有相似之处,即都能拓展阅读视野,提升阅读鉴赏能力,有利于养成良好的阅读习惯,但因为"整本书阅读与研讨"学习任务群是贯串整个高中必修、选择性必修和选修三个阶段的课程内容,两者又有不少差别。

第一,随意性与计划性的区别。一般而言,个人在进行课外阅读时大多比较随意。平时阅读期刊、微博、微信并没有事先制订计划,即便是平时阅读名著经典作品,读什么、怎么读、读后收获怎样，也全凭个人感觉和经验随性而为。作为高中课程内容的"整本书阅读与研讨"则具有目的性、计划性，一般依照阅读前、阅读中、阅读后这三个层面有条不紊地开展。在阅读之前，教师要以提升学生语文核心素养为培养目标，从"知识与能力、过程与方法、情感态度价值观"三个维度确立整本书阅读的具体目标；同时根据学生的阅读情况，推测学生阅读中可能出现的问题，依此设计阅读学习方案，形成一个有序的整本书阅读课程。在阅读过程中，教师要根据预定的教学任务和学生的现有情况，有序组织、指导学生开展读书活动，随时有针对性地调整教学策略，帮助学生形成自己的读书习惯，掌握有效的读书策略等。阅读之后，教师要组织学生交流讨论，汇报整本书的阅读收获。整本书阅读评价要同时进行，学生可以借此检查并且反思个人整本书的阅读情况。

第二，碎片化与整体化的区别。大家都清楚，日常生活中的微信、微博阅读是碎片化的。期刊上的文章多是单篇文章，文章篇幅决定了阅读时间相对短一些；而且因为课外阅读比较随意，学生不会主动建构文章间的意义关联。整本书阅读则不同，每本书都有大量的文字，有的能够较为全面地展现彼时彼刻的社会生活图景，有的能够显现文化形成和发展的线索……学生在阅读中，既能看到"这一点"，也能联系和"这一点"相关的若干点，了解"这一点"从哪里来，可能到哪里去，形成对某一内容丰富而深刻的认识。显然，在整本书阅读的过程中，学生获得的不再是碎片化的信息，而是更为丰富的文化信息，更为完整的文化印象。

第三，浅阅读与深阅读的区别。个人随性的课外阅读，因为没有外界的干预、监督、检测和反馈，学生的感受和认识往往浅尝辄止，流于表面。而作为高中语文必修课程的"整本书阅读与研讨"，有教师的指导、促进和反馈，学生要完成教师设计的阅读任务，要把阅读感受与认识形成书面材料，要开展交流讨论活动。教师会有选择性地指导学生重读整本书，促使学生获得更丰富的体会与感受，还会重视学生在阅读整本书过程中思维的发展与提升。比如，教师会引导学生梳理人物或事件发展演变的过程，以此发展学生的线性思维；由一个人物或事物出发而找出与之相关的人物或事物，以此发展学生的发散思维；探究作品内容间的对立与统一的关系，以此发展学生的辩证思维；等等。显然，"整本书阅读与研讨"能够带动学生把一本书读通、读透，防止学生阅读浅尝辄止、流于肤浅，整本书阅读能引导学生走向深入阅读。

12. 孩子很喜欢读书，家长应该怎样帮助他在考试中取得更好的成绩？

孩子很喜欢读书，但若想在考试中取得更好的成绩，家长还需要注意以下几点：

第一，在选择阅读书目时，家长一定是选有价值、有营养、有利于孩子精神成长的书。除了购买语文课程标准推荐的书目外，还可以结合孩子的兴趣与特长选择图书，或咨询相关领域的专业人士，帮助孩子构建自己的阅读体系，这样才有利于他们身心的健康成长，有利于发展他们的个性阅读能力。当然，《读者》《意林》《青年文摘》等相对轻松的期刊也可以阅读，用以填补平时的零散时间。

第二，在选择阅读书目时，家长要追求图书种类的多样化。家长要在关注孩子的兴趣与特长的同时，引导孩子把成为"一专多能"的人才作为目标。孩子日常的阅读面一定要广泛，不能仅仅阅读故事性强的文学类作品，还要阅读历史类、哲学类、科学类经典作品，要达到古今打通、中西兼容、文理交叉的融会贯通的读书境界。家长要鼓励孩子逐步扩大阅读视野，从而丰富自己的精神世界，提高自己的文化品位。

　　第三，家长要引导孩子在阅读的过程中进行阅读积累，自觉养成良好的阅读习惯，这对提升孩子的阅读素养非常重要。"不动笔墨不读书"，家长应督促孩子随时摘抄优美的、富有哲理的、寓意深刻的语段，并确定分类标准，依此标准将所摘抄的语段进行分类整理。阅读积累的内容，要有效地加以利用：一方面，让孩子利用学校早读时间、课外零散时间，读读背背所积累的内容；另一方面，在日常口头表达与写作中，有意识地运用所积累的内容。长此以往，必定能促进孩子语文素养的提升。

　　第四，家长要有意识地开展重读名著经典的活动。名著经典多是具有超越时空的永恒价值，非常值得进行两遍、三遍甚至多遍的阅读。阅读前家长帮助孩子做好规划，每一遍阅读都要有鲜明、具体的阅读目标，这样孩子就不会仅仅停留在摘抄、背诵精彩语段上，而是会在重读中思考、体会、比较、归纳、揣摩，从而更深刻地理解经典作品中巧妙的铺垫、伏笔和文法修辞等。通过这样的重读，孩子可以发掘经典作品的意蕴，构建经典作品的阅读经验，提升自身的语文素养。

　　第五，家长要鼓励孩子定期进行仿写乃至创作。名著作品都是上佳的文字表达样本，孩子可以用来模仿写作。坚持读书，开展仿写活动，孩子会慢慢地领悟到表达的适度与精妙，也会渐渐地提升自己的写作能力。孩子会越写越快，越写越好。在仿写的基础上，家长要引导孩子对自己的作品进行反思，扬长避短，久而久之孩子就会形成自己独特的写作风格。

第六,家长要帮助孩子总结考试规律以及考试的经验与教训。语文素养极好的孩子可以凭借自己丰富的阅读积累,触类旁通,在考试中取得优异的成绩。但对于绝大多数孩子而言,在做好阅读积累的基础上,需要适当归纳和总结考试规律,了解试题测试的内容、形式,分析解题的思考路径,这样才能多得分。但是,凭借总结考试规律或是采取一些答题技巧所能提高的分数是有限的,提高语文考试成绩的根本,依然在阅读、在积累、在坚持。对此,孩子一定要有清醒的认识。

13. 阅读能力的组成要素有哪些？

阅读能力是一种综合运用的能力，它由相关的能力要素组成。研究角度不同，研究方法不同，导致人们对阅读能力的组成要素的看法也不一样。综合各方观点，我们认为阅读能力的组成要素有认读能力、理解能力、鉴赏能力和评价能力。认读能力指对书面语言的感知能力，具体地说，包括认知字形、认读字音、了解字义。这是初步获得文章表层意义的能力。整体的认读能力是最基础的阅读能力。

理解能力指在感知材料的基础上利用已有的知识与经验，通过概括与分析、归纳与演绎、分类与比较、联想与想象等思维活动，了解阅读对象的思想内容和语言形式的能力。

鉴赏能力指对阅读材料所蕴含的美进行感受与欣赏（如品味作品中的富有表现力的语言，体味作品中感人的行为、情境等）的能力。这种鉴赏能力关乎读者深入作品的情感体验。

评价能力指对阅读材料所蕴含的思想内容、情感态度、价值观及语言形式等所做出的评价与判断的能力。它是读者跳出文章之外的一种理智判断的能力。

14. 孩子可以从哪些角度分享阅读体验？

　　分享的过程其实是对话的过程。这种对话基于文本，是学生、家长、教师之间多维度、多方面的交流。教师、家长如果能够与孩子站在同一平台上进行对话、沟通、交流，引导孩子分享自己对知识的理解、对文本的理解，同时尊重孩子阅读文本的独特体验。这将会帮助孩子形成对阅读素材更深入更全面的理解。

　　一般而言，孩子可以从五个角度分享阅读体验。

　　第一，作品的主旨和情感。孩子可以尝试总结作品的主旨，分析作品所反映的社会现实（可指出其积极意义或局限性），再结合作品来谈其具体表现。阐述时要具体充分，尽量有深度，不可含糊、笼统；要扩大视野，广闻博览，提高认识水平。评价要从大处着眼，小处着手，要在申明基本观点的基础上，结合作品的内容、结合社会生活实际具体阐述作品的思想意义。作家的思想感情是很复杂的，其创作的作品所蕴含的思想感情往往也不是单一的。表现积极健康的思想内容的作品，有时也可能带有消极的因素。因而，需要孩子运用辩证唯物主义的观点去分析作品，做到正确地对待作品。

第二，鲜活逼真的文学形象。分析文学形象时，孩子首先要明确文学形象的特点及品质，进而理解文学形象所揭示的社会意义或时代意义。孩子的分析不能凭空而言，要学会引用作品中的语句或概括作品的内容来进行阐述。

第三，关键细节的描写。经典作品中比较关键的细节、打动人心的细节、存疑的细节等都是值得孩子关注的。孩子要找到经典作品中的关键细节，如人物语言、动作、心理、神态细节描写等，并分析它们对刻画人物、表现主题、推动情节、渲染气氛等方面的作用。

第四，巧妙严谨的结构。对于经典作品结构的分析，孩子要做到把握整体，鉴赏局部。经典作品是由各个严谨的局部构成的，而各个局部又是为整部作品服务的，既不能脱离局部鉴赏整部作品，也不能脱离整部作品鉴赏局部，要立足于作品的整体来鉴赏局部。这样才不至于"只见树木，不见森林"。

第五，多种多样的表达技巧。所谓作品的表达技巧，是指作者为表达作品的内容和思想情感运用的写作原则、规律、方法。具体地讲，主要有表达方式（记叙、说明、议论、描写、抒情）、表现手法（想象、联想、象征、渲染、烘托、对比）、材料安排（主次、详略）、意境创设（喜悦、悲伤、清新）、修辞运用（比喻、拟人、排比、对偶）等。一部作品究竟运用了哪些表达技巧，由作者根据作品的题材内容、体裁形式决定。

15. 如何帮助孩子梳理阅读素材中的语文知识？

　　语文学习的过程，本质上是一个不断积累并梳理的过程，积累和梳理是语文学习中必须要养成的意识与能力。积累却不梳理就会杂乱无序，不仅无益于孩子的感悟、吸收，而且会挫伤孩子阅读的积极性。《高中课标（2017年版）》明确指出："学生在丰富的语言实践中，通过主动的积累、梳理和整合，逐步掌握祖国语言文字特点及其运用规律，形成个体言语经验，发展在具体语言情境中正确有效地运用祖国语言文字进行交流沟通的能力。"

　　第一，家长要让孩子清楚，义务教育阶段和高中教育阶段对于积累和梳理语文知识的要求是有区别的。义务教育阶段的要求主要是在阅读中了解叙述、描写、说明、议论、抒情等表达方式；了解诗歌、散文、小说、戏剧等文学样式；阅读简单的议论文，区分观点与材料（道理、事实、数据、图表等）；了解基本的语法知识，用来帮助理解课文中的难点；了解常用的修辞方法，体会它们在课文中的表达效果；了解课文涉及的重要作家作品知识和文化常识等。高中教育阶段要求"积累有利于丰富自己运用的字词句篇语文素材、语言运用典型案例等。在积累的过程中，注重梳理。通过归纳、分类，逐步领悟语文运用的规律，自主建构相关的知识。尝试梳理文学作品的基本样式和概念，了解文学鉴赏的基本方法，在文学阅读过程中领悟鉴赏和创作的规律"。

第二，家长要为孩子提供梳理语文知识的策略。一般来讲，在语文课堂上，教师会做系统的讲解，指导学生从语言文字的现象出发进行归纳总结。孩子在自主阅读时，家长不妨运用教师讲解的方法，引导孩子完成对阅读素材中语文知识的梳理。比如，在阅读过程中，家长可以引导孩子采用记笔记、做卡片等方法分门别类地对语文知识随时进行梳理；在阅读完成后，再帮助孩子确定一定的分类标准，并对自己积累的材料进行梳理。此外，平时的阅读测试也会涉及积累、梳理的语文知识，这些语文知识往往是对某些知识的专项整合。孩子如果能够有效利用教师测试中使用的材料，将有利于促进自己构建完整的知识体系。

总而言之，家长要帮助孩子养成有意识地积累和梳理语文知识的良好学习习惯，要学会确定分类标准，并依据标准对语文知识进行归类、整理，要注重总结积累和梳理语文知识的方法。经过持之以恒地积累并梳理语文知识，孩子自身的语文素养必定会得到提升。

16. 和其他国家相比，我国参加 PISA 阅读素养测评有哪些优势和劣势？

迄今为止，PISA 是世界教育领域规模最大的测评项目。PISA 是一项由经济合作与发展组织统筹的学生能力国际评估计划，主要对接近完成基础教育的 15 岁学生进行评估，测试学生能否掌握参与社会所需要的知识与技能。PISA 主要评估三种素养——阅读素养、数学素养及科学素养，考查学生应对未来生活、应用知识以及在日常生活情境下做出良好判断和决策的能力。其中，对阅读素养的考查是 PISA 测评项目非常重要的一项内容。

综合来看，我国学生参加 PISA 阅读素养测评的优势主要表现在以下两个方面：

第一，在传统教学模式下，我国学生阅读训练的强度大，因此在阅读能力方面有明显优势。在整个义务教育阶段与普通高中教育阶段，语文学科处于非常重要的地位。这一点从语文的课时之多、教学任务之重、作业之繁中便能反映出来。我国语文学科对学生的阅读要求是非常高的。长时间以来，阅读课作为语文课的主要课型而存在，在长期大量的阅读训练之下，学生在阅读能力方面自然呈现出较为明显的优势。

第二，PISA阅读素养测评的题量虽然大，但对我国学生构不成太大的挑战。长期以来，我国一些中学存在"题海战术"或"刷题"的现象，学生阅读量逐年增加，相应的阅读活动、阅读测试也成倍增加，学生的阅读速度随之提高。他们可以在短时间内阅读大量的试题。他们还擅长在众多的阅读信息中，筛选出关键信息。与其他国家的学生相比，我国学生的阅读测试经验是很丰富的。

总之，受我国语文教学的影响，学生付出了更多的时间和精力参加阅读训练，并具有熟练的阅读考试能力，这是我国学生在参加PISA阅读测试时具备的优势。但同时，我国学生在PISA阅读素养测评中也有不少劣势，主要表现在以下两个方面：

第一，我国学生的阅读内容与课堂生活以及社会生活的联系较少。PISA阅读素养测评对学生的考查并不限于书本知识，大多源于生活、贴近生活，它的阅读试题着重于应用，情境化特征鲜明。受测学生必须针对情境化的问题，灵活地运用所学知识，自行建构答案。而我国学生通常将学习和生活割裂开来，生活阅历和生活经验少，不善于利用生活阅历和生活经验去解决阅读过程中遇到的情境性问题。

第二，我国学生在做阅读题时的灵活应变能力不够。PISA阅读素养测评中有很多新奇有趣的阅读内容与题目，如在特殊的情况下人的心跳次数、存钱的方法和技巧、从事眼镜职业的人需要哪些特长、打工的时间分配等，而国内的阅读测试题中很少出现这样的阅读内容与题目，这样就导致我国学生在面对这类PISA阅读试题时，有些不知所措。

如果我们能借鉴PISA阅读素养测评的理念，在阅读指导中扬长避短，转变"重成绩轻能力""重考试轻评价"的观念，就能使我们的阅读指导更具有科学性和实用性，进而实现从考试向评价的跃升，构建起具有中国特色的教育考试评价体系。

17. PISA 阅读素养的测评要求对我们有什么启示？

众所周知，PISA 主要评估三种素养——阅读素养、数学素养及科学素养。2000 年和 2009 年的 PISA 测试都侧重考查阅读这一素养，2018 年测评也以阅读素养为主测内容。阅读素养体现了一个现代人适应当今社会所必需的能力，如为参与社会生活而有效寻求信息的能力，理解、使用、反思书面文本的能力，为终身发展而增长自我知识的能力等。对这一素养的考查，能够反映学生在未来社会中的潜能。所以，我们应对 PISA 阅读素养的测评予以极大的关注。

PISA 认为阅读不是单向维度的技能，不能仅用一个标准或一个分数进行有效测量。PISA 对阅读素养评估的目的是了解特定的学生是否为参加工作和参与相应的群体做好了充分的准备。PISA 阅读素养的测评要求有五个方面：形成广义的、总体的理解；寻找信息；解释原因；思考文本的内容；思考信息。这对我们的启示主要集中在以下三点：

第一，我们应该加强对"阅读是人一生中学习、工作、生活的必备能力"的认识。PISA阅读素养测评的重点不是阅读技巧,而是学生在阅读中解决实际问题或学习新知识的能力,考查目的不仅仅在于让学生"学会阅读",而是重视"为了学习而阅读"的理念,它所界定的是一种在内涵和用途上都更为宽广的阅读素养。PISA阅读素养测评的重点不是15岁的学生能否进行专业意义上的阅读,而是即将离开中学的学生在广泛的连续或不连续的阅读素材基础上建构、扩展并反思阅读素材的能力大小。无疑,PISA的这一理念是十分先进的,学习PISA这一阅读理念,有助于我们超越对传统语文阅读教学的认识,从而肯定阅读的社会功能定位。

第二,我们应该加强对阅读素养能力等级划分的研究。PISA阅读素养测评总分为700分,分为以下等级:五级水平(625分以上)、四级水平(553~625分)、三级水平(481~552分)、二级水平(408~480分)、一级水平(335~407分)、一级水平以下(335分以下)。等级划分有什么好处呢?它能清晰地测试出学生的阅读水平,比如,谁可以完全胜任比较难的精读任务,谁能完成中等难度的阅读任务,谁只能完成简单的阅读任务或者根本完不成阅读任务。这样教师便能够清楚地了解学生的阅读情况,然后有针对性地安排下一阶段的教学计划和教学内容;而学生也可以根据自己的等级水平来调整自己的学习策略。

PISA阅读素养测评的重点不是阅读技巧,而是学生在阅读中解决实际问题或学习新知识的能力,测评目的是引领学生"学会阅读",树立"为了学习而阅读"的理念,PISA阅读素养在内涵上更丰富、在应用上更宽广。我们看到PISA的测评试题,重点测评的是即将离开中学的学生在广泛的连续或不连续的阅读素材基础上,建构、扩展并反思阅读素材的能力。无疑,PISA的阅读理念是十分先进的,学习PISA的阅读理念,有助于我们超越对传统语文阅读教学的认识,从而肯定阅读具有社会功能的定位。

18. PIRLS 关注儿童阅读状况的目的是什么？

PIRLS 项目对各国儿童阅读素养的关注与研究已长达四十多年，测试对象大部分是 4 年级学生（9 岁左右的儿童），之所以选择这样的群体，是因为 9～10 岁是儿童阅读发展过程中的一个十分重要的转折点，大多数国家都要求 4 年级末的学生能够知道如何阅读，并且可以通过阅读来学习。

那么，PIRLS 关注儿童阅读状况的目的是什么呢？由于不再把阅读能力单纯地作为一种特定的学科能力，PIRLS 的目的是将阅读与生活相联系，将阅读融入现实生活的各个层面，重在考查学生在真实生活情境中的表现。PIRLS 强调阅读活动的发生有其特定的目的，如为了消遣娱乐而进行阅读、为了文学体验而进行阅读、为了获得信息而进行阅读、为了学习知识而进行阅读、为了完成某件事情而进行阅读……不同的阅读目的在具体的阅读活动实践中对应不同的阅读情境。总之，PIRLS 关注儿童阅读发生的具体情境，关注儿童在学校和日常生活中的阅读活动，以期将评价中的儿童阅读活动还原到真实的生活中来。一方面，PIRLS 帮助儿童建构知识的体系,使他们获得更全面、更丰富、更鲜活的阅读理解,使他们学得更加扎实有效,为将来参与社会生活做准备;另一方面,PIRLS 的评价结果可以帮助教师改进阅读教学策略,以期达到真正提高学生阅读素养的目的。

19. NAEP 为什么要单独设置词汇评估？

在美国，虽然各个州都可以自行开展学业测试，但在全国范围内统一实施的教育评估只有 NAEP，即国家教育进展评估。NAEP 是目前美国国内唯一连续的、长期的中小学生学业成绩测评体系，又称为国家教育报告卡。NAEP 每两年实施一次，在全美范围内，对不同州、不同种族小学和中学的关键年级（包括 4 年级、8 年级、12 年级）学生进行教育评估。NAEP 以各个学科的课程纲要为基础，参照全国范围建立的学生成绩标准（分为三个级别：基础、熟练、高级），反映美国学生知识、技能和能力水平。NAEP 主要侧重于对美国国内各州、州内不同地区、学区间和学校间的学业成绩进行比较和诊断，并向美国公众报告中小学的教育状况，从而促进教育质量和学生学业成就的不断提高。

词汇评估作为 NAEP 阅读测试报告的一部分，主要是评估学生运用所学词汇知识进行意义诠释的能力。NAEP 的词汇评估既考查学生对文章的阅读理解能力，也考查学生对特定单词的理解能力。

NAEP 为什么要单独设置词汇评估？词汇在语言能力

（听、说、读、写）发展中的重要性不言而喻。英国语言学家D.A.Wilkins 曾经说过："没有语法，人们不能表达很多东西；没有词汇，人们则无法表达任何东西。"词汇本身的重要性决定了 NAEP 要单独设置词汇评估。况且，NAEP 的考查对象中有 4 年级的学生，这是 PISA 并不涵盖的考查群体。对于低年级的学生而言，词汇是语言的根本，没有一定词汇量的积累，一切语言技能的发展都只能是空谈。假如学生在词汇上过不了关，一个又一个的单词不知如何读、如何理解，那么由单词组成的句子他们就更不知是什么意思，更不要谈对于整篇文章的理解了；如果他们通过了词汇评估的关卡，就具备了理解文章的前提，基本排除了阅读的障碍。因此，学生的词汇能力是其阅读能力的重要方面。

词汇评估对英语课程与教学改革、教师英语教学模式的选择与运用、教学质量的评估、学生语言能力的发展都具有深远的意义，所以 NAEP 测试单独设置了词汇评估。

20. NAEP 为什么区分不同文本来评估学生的阅读能力？

NAEP 阅读评价体系对测试材料进行了分类，与国内不同的是，它的分类标准不是文体，而是阅读情境。这里的"阅读情境"不能简单地被理解为阅读活动发生的环境，它所强调的是不同的阅读目的。NAEP 认为，学生在进行阅读时，不同的阅读情境会导致有差别的阅读活动。NAEP 将阅读情境分为三类：为获取文学体验而阅读；为获取信息而阅读；为完成任务而阅读。后两者的区别就在于，"为完成任务而阅读"不只是获取和理解信息，还要运用信息，其阅读材料一般包括汽车或火车时刻表、课程表、说明书、地图等。

根据阅读情境或者阅读目的的不同，NAEP 将阅读材料划分为不同的种类："为获取文学体验而阅读"的文学型文本，"为获取信息而阅读""为完成任务而阅读"的信息型文本。

文学型文本是为了考查学生是否获得文学体验，这是由阅读的审美性质决定的。文学型文本的考查往往以精读、深入理解为主要方向，要求学生能够理解作品的主题，读懂作者的情感，并能对作品中的观点进行概括，对语言运用技巧进行赏析，进而能够通过阅读产生表达自己思想情感的愿望。这类文本主要考查学生对文学型文本的鉴赏能力和审美能力。

信息型文本是为了考查学生是否能够获取并使用信息，这是由阅读的实用性质决定的。信息型文本的考查以分析、筛选、归纳、概括信息为主要方向，对学生的短时记忆力、迅速捕捉文字信息能力的要求非常高。这类文本的考查往往以具体问题为切入点，具有相当切实的生活需求与极高的考查价值。

相比我国主要按照文章体裁来选择阅读测试材料，NAEP根据阅读情境区分不同文本来选择测试材料更为合理。这样做主要有两个方面的优点：一方面，按照这种标准划分的阅读素材覆盖面更广，不局限于课堂教学中的记叙文、说明文、议论文等，它基本上可以涵盖学生在学校内外的阅读活动中所接触到的所有阅读素材的种类，更贴近学生丰富多彩的阅读生活，更能真实地反映学生的实际阅读水平；另一方面，人们在真实的阅读活动中，很少按照文章体裁来阅读，更多的是根据自身的兴趣、爱好或需要来阅读。文章的体裁本来就是人为划分的，近些年来，义务教育中逐渐提出了"淡化文体"的要求，目的就是要解放学生的思想，避免学生在阅读、写作中被强烈的文体意识束缚住思维。NAEP这种按照阅读情境区分不同文本的划分更符合人们真实的阅读生活，也更为合理。

第二部分 书目选择方向

阅读经典能够为孩子提供广阔的社会生活图景，让孩子更为全面地了解社会，了解不同的职业，走进他人的生活，建构丰富多彩的精神世界，在某种意义上说甚至能够起到引领孩子定位人生角色的作用。经典不仅包括文学作品，还包括历史、艺术、科学、哲学等许多门类的作品，不同门类的经典作品具有不同的教育价值。我们要根据孩子现阶段的发展需求选择合宜的书目，让经典作品引领孩子的精神成长和思想发育，帮助他们走向更好的自己。

21. 经典对学生成长的价值是什么？

所谓经典，是指传统的具有权威性的著作，这些作品具有超越时空的恒久价值，能唤起不同时代不同地域的人们心灵和情感的共鸣。

经典具有典范性。一部作品只有经过时间的淘洗和历史的检验才能成为经典。经典的确认不仅体现了多数人对价值的判断，也体现了在不同历史时期多数人的审美价值观念，承载着历史的、集体的、个人的层层记忆。如中国的唐诗宋词、英国的莎士比亚戏剧、俄国的普希金诗歌等，这些经典作品不管是在艺术形式上，还是在思想内涵上，都富有原创性和超越性，具有丰厚的人生意蕴和丰赡的美学价值，是民族语言和思想的象征符号，是民族文化的典范。读经典作品，能使学生从狭窄的现实生活中腾挪出来，俯瞰广袤的大千世界，拓宽视野，了解多元社会形态、不同价值取向、多彩文化风貌、复杂人性人情。从唐诗宋词回望古典中国的雅致诗意，从莎翁作品看文艺复兴时期的英国，从普希金作品看传统的俄国社会……经典可以让学生将现实与历史、东方与西方连接起来，从而拓展他们生命的广度和深度。

经典作品以文学的、审美的方式去探究与人类的生存、发展、命运相关的终极性、永恒性命题，比如，对真善美的讴歌、对假恶丑的揭露、对生命价值的探讨、对自由幸福的追寻等。人类的情感世界和理性认知在经典作品中得到了最充分的表现。阅读经典能引导学生去审视心灵，探究生命本源，丰富自我认知。经典作品中所呈现的孔子的仁爱、孟子的舍生取义、屈原的"虽九死其犹未悔"、苏轼的旷达、桑提亚哥的永不服输、艾丝美拉达的美与善、冉·阿让的痛苦与救赎……无不承载着积极健康的价值追求，这种价值追求是每个人在成长过程中的安身立命之本。这些作品可以帮助学生形成良好的思想品质、道德品质、个性人格和审美情趣。

有效的经典阅读还能够发展学生的思维能力，提升学生的欣赏品味和审美情趣，促进学生提高自身的写作水平。经典作品中对景物、事物的生动描写，对人物心理的细致刻画……对学生来说，都是一笔无比宝贵、可多次享用的财富。阅读经典作品是学生在学习过程中获取各种写作技巧的最直接、最简便的方式，大量阅读是提高学生写作表达能力的重要保障。

22. 如何看待经典童话的教育价值？

童话是专门写给儿童看的吗？答案显然是否定的。著名作家张晓风对于安徒生童话曾有这样诗意的评价："如果有人5岁了，还没有倾听过安徒生，那么他的童年少了一段温馨；如果有人15岁了，还没有阅读过安徒生，那么他的少年少了一道银灿；如果有人25岁了，还没有品读过安徒生，那么他的青年少了一片辉碧；如果有人35岁了，还没有了解过安徒生，那么他的壮年少了一种丰饶；如果有人45岁了，还没有思索过安徒生，那么他的中年少了一点沉郁；如果有人55岁了，还没有复习过安徒生，那么他的晚年少了一份悠远。"由此可见，一部经典童话应该既为儿童所喜爱，也禁得起成人细细寻味。这也恰恰印证了著名翻译家叶君健对经典童话的赞许："有些译者只是把这些童话当作有趣的儿童故事，而未意识到这些作品是诗，是充满了哲理、人道主义精神和爱的伟大的文学名著。"诚如所言，经典童话对于我们每个人的生命成长具有重要而深远的影响。

童话最根本的特点是具有幻想性，童话中具有其特定的审美特征。童话世界是一个充满神秘潜能和怪异力量的世界，童话故事虽然发生在人间,但往往具有神奇性或者带有奇异、超凡的成分,既有普通人的喜怒哀乐和奇遇,又有精灵魔怪神鬼的存在。童话中总有一些奇特的宝物有着强大的魔法力量,如水晶鞋、七里靴、隐身斗篷等。这种魔法师般的艺术形式,一方面实现了孩子在现实生活中不能实现的愿望,满足了他们愉悦的阅读期待;另一方面,童话故事中神奇宝物和魔法的幻想传递出来的是人类探究大自然奥秘和改造自然的愿望,同时也暗示人类能够凭借自己的力量创造一个更美好的世界。

通过神奇曲折的情节、浅显生动的表现形式和拟人化的描写手法,经典童话所特有的美学气质——想象、幻想、夸张等超现实性的审美品性得到了充足的表现。经典所承载的净化心灵、守护精神家园、认识世界的美感功能也一一得以实现。读《爱丽丝漫游仙境》,孩子能感悟到成长的艰辛并获取成长的经验;读《小王子》,孩子能体会到爱的力量和友谊的崇高;《长袜子皮皮》则激发了孩子狂野的想象,让孩子感受到自由的魅力……可以说,在阅读经典童话的过程中,孩子能潜移默化地感知友谊、生命、爱情、成长等一些重大的人生命题。而这种启蒙和教化的达成不是概念的、说教的,也不是直接的、功利的,而是在审美感知的基础上自然达成的。

对经典童话的阅读要求,不同学段有不同的侧重。小学低段的孩子主要是从童话中感受到爱与美。小学中高段、初中阶段的孩子需要品味童话中蕴含的丰富的人文内涵。比如,在阅读安徒生的经典童话作品(《卖火柴的小女孩》《海的女儿》《皇帝的新装》《丑小鸭》等)时就要品味作品中蕴含的丰富而深刻的精神内涵,如对人间悲苦的关怀、对爱情理想的讴歌、对爱慕虚荣的讽刺、对卑微生命的尊重等。

23. 如何看待四大名著的教育价值？

四大名著，指明代的《三国演义》《水浒传》《西游记》和清代的《红楼梦》，是中国古典小说的巅峰之作。四大名著代表了中国古典小说的四种类型：历史演义小说、英雄传奇小说、神魔小说和世情小说。历史演义小说《三国演义》展示了一幅汉末政治与军事斗争的波澜壮阔、气势恢宏的历史画卷；英雄传奇小说《水浒传》描摹了众多英雄好汉，或骁勇善战，或豪爽助人，或足智多谋，都极富传奇色彩，引人入胜；《西游记》作为一部神魔小说，在浪漫而奇丽、豪放而诙谐的神魔斗争之中创造出神异奇幻的神话境界；而有"封建社会百科全书"之称的《红楼梦》则展示了当时社会方方面面的生活情形与文化风貌。这四部小说的题材之丰富、人物之众多、艺术手法之高超，内蕴之复杂，使得文本具有强大的包容性和开放性，为学生创造了广阔的思考与感受的空间。四大名著为学生提供了感受中国传统社会伦理、历史地理、民俗文化等内容的平台。学生研读四大名著，在怡情悦性的同时，能更深刻地理解中华文化的发展变化和博大精深。

对于不同学段的学生，四大名著的教育价值有所区别。对小学生来说，读《三国演义》《水浒传》《西游记》，就是在读好玩有趣的故事。"草船借箭""武松打虎""鲁提辖拳打镇关西""大闹天宫"等故事情节趣味横生，小学生能自然而然地感受到才智卓越的诸葛亮、勇猛过人的武松、仗义相助的鲁提辖、机智勇敢的孙悟空等栩栩如生的人物形象。这样，等他们到了中学阶段再去阅读四大名著，对其中的故事情节、人物形象等就会有亲近之感。因此，小学生接触这些名著，主要目的是培养他们读书的兴趣，促进他们养成读书的习惯。

对已经初步建立起正确的价值观、具备一定批判性思维的中学生而言，四大名著的教育价值体现在发展"语言建构与运用""思维发展与提升""审美鉴赏与创造""文化传承与理解"等语文核心素养上。读名著的过程是一个自觉学习、自觉积累的过程，中学生在这个过程中会逐步提升阅读理解能力和思维水平，形成正确的审美意识、健康向上的审美情趣与鉴赏品位，潜移默化地接受中国传统文化的熏陶。读《三国演义》，从"天下大势，分久必合，合久必分"的政权斗争中看到历史兴亡；读《水浒传》，在绿林好汉的草莽世界中思考忠义之烈；而一部《西游记》就是一部孙悟空的英雄史，叙述了他的出生、成长、奋斗，直到成为"斗战胜佛"的全过程，可以引发学生对自由、平等和成功的思考；《红楼梦》不仅立体地展现了中国封建社会的风貌，而且写到贾府的衰败过程及众儿女转瞬即逝的青春年华，这些都会引起学生对悲剧的生命体验。

总之，作为富有代表性和辨识度的文化符号，四大名著具有极其丰富的可挖掘的空间，其教育价值不可小觑。在阅读四大名著的过程中，根据学生鲜活的阅读思考，即时生成有价值的交流讨论活动，会促进学生发展自身的语文核心素养。

24. 怎样帮助学生从文化论著中汲取营养？

所谓文化论著，就是有关文化方面的论文和著作。文化论著分为社会科学和自然科学两个部分。在高中阶段，学生主要选读社会科学领域的文化论著。"领会不同领域科学与文化论著的内容，培养科学态度和创新精神""学习体验概括、归纳、推理、实证等科学思维方法，把握科学与文化论著观点明确、逻辑严密、语言准确精练等特点"等，这些是《高中语文课标（2017年版）》"科学与文化论著研习"学习任务群提出的学习目标，也是学生要从文化论著中汲取的营养。由于文化论著范围广泛，特点各有不同，下面我们以古代文化论著《论语》为例来加以说明。

对于以《论语》为代表的古代文化论著而言，教师要帮助学生从文化论著中汲取营养的一个有效办法是提升学生研读文化论著的能力。研读文化论著的能力主要包括对原始文本的阅读理解能力、对作者思想观点的分析判断能力和联系实际阐释并解决现实问题的能力。

对文化论著原始文本的阅读理解能力，是从文化论著中汲取营养的重要基础。以阅读《论语》为例，学生首先要读通文本，理解作品的语言文字，了解作品内容。《论语》采用的是语录体，教师可以引导学生通过诵读把握人物对话的语气，如长沮、桀溺、荷蓧丈人等对孔子的奚落，孔子弟子对老师的敬仰，孔子对弟子们的爱护，以便更准确地理解作品内容。在了解孔子的生平，感受他的苦与乐、他的信仰与人生态度的基础上，再去解读作为教育家、儒家学派创始人的孔子的思想主张和言行。那么，学生自然而然就走进《论语》这部作品了。

文化论著不同于一般实用文章和一般文学作品，对文化论著的研读也不同于对一般实用文章和一般文学作品的阅读。研读一篇论文或一部文化著作，一般需要经过阅读、质疑、思考、辩证、实践的过程，有强烈的问题意识和反思精神是读懂文化论著的关键。有了问题意识，才能发现问题、分析问题和解决问题；有了反思精神，才敢于提出自己的独特见解。如孔子与弟子们探讨各自的"志"，弟子们纷纷表达观点后，"夫子喟然叹曰：'吾与点也！'"孔子为何有此种反应？此处即可训练学生的质疑能力。教师可以鼓励学生结合时代背景、孔子的生平和思想主张进行交流分享，得出有理有据的结论，促进学生对孔子思想主张的理解与深入思考。

读文化论著，与先贤对话，最终目的是要与自我对话，进行自我反思。读到"君子周而不比，小人比而不周"时，教师要引导学生理解孔子的交友观，并反思自己在交友方面的情况；读《论语·学而》时，要引导学生感受孔子所追求的人生境界，并反问自己：我能这样"如切如磋""如琢如磨"吗？为什么我做不到呢？在这样的追问下，回到文本中去探求答案，最终从先贤那里获得认识自我、提升自我的智慧。

25. 哪些书目能够帮助学生了解我国古代文学的概貌？

就文学的历史分期来看，中国文学大致上可分为古代、近代、现当代三个时期。其中，古代文学源远流长，可以细分为先秦两汉文学、魏晋南北朝文学、隋唐五代文学、宋元文学、明清文学。近代、现当代文学暂不细分。各个文学时期都有其代表性的文学样式，诗歌、散文、词、戏曲、小说等无不涵盖，且各具特色。

要想了解我国古代文学的概貌，先要追溯到我国文学的源头。远古时期的歌谣和神话是中国文学的开端，以《中国神话传说》开启对中国文学的了解，是很好的选择。诗词曲赋是中国古代文学最具代表性的文学成果，先有选择地阅读《诗经》《楚辞》，当然品读唐诗宋词元曲也是必不可少的，《唐诗三百首》《全宋词》以及元曲四大家的作品等也应该认真阅读。散文的发展源远流长，从先秦两汉时期的诸子散文《论语》《孟子》等，历史散文《左传》《战国策》《史记》《汉书》等，到唐宋时期的古文运动中产生的佳作，再到明清时期继承唐宋古文精神的各家各派之代表作品,异彩纷呈。欲使学生了解散文发展概貌,得其精华,可推荐学生阅读《古文观止》。《古文观止》可谓中国历代散文之大观,整本书以时代为纲,以作家为目,将作家的各类文体的优秀作品集于一处,选文丰富多彩,篇幅较短,语言精练,便于诵读,其中不少是传诵千古的名篇。教师可通过引导学生阅读《古文观止》,帮助学生梳理清代之前的散文史。小说作品,学生可从阅读《山海经》开始,继而阅读《搜神记》和唐传奇的系列作品,再细读四大名著。

总之,为学生选择的书目,一方面要能够帮助学生了解我国文学的整体概貌,另一方面要考虑切实引导学生在阅读整本书的前提下,促使学生对社会与人生进行全面的观察、细致的体味、深入的思考,在丰富的审美体验中涵养心灵。

26. 阅读名著对孩子的课内学习有哪些帮助？

我国南朝梁文学理论批评家刘勰在《文心雕龙》里说，"凡操千曲而后晓声，观千剑而后识器"，通过这种形象的说法，我们即可认识到多读书的重要性。就阅读实践来看，所谓"操千曲""观千剑"即指大量阅读。学生通过大量阅读可培养和获得对语言文字的感受力，熟悉和掌握语言规律，增强语文修养，提高语言运用的能力。文学名著是经过时间淘洗与考验的作品，在语言运用方面发挥了典范作用，对于学生的课内学习无疑是大有裨益的。

名著是人类智慧的结晶，其艺术性与思想性互相交融。阅读名著的过程，实际上就是在与不同时代、不同民族的大师对话的过程，孔子、孟子、老子、庄子、李白、苏轼、鲁迅、茅盾、列夫·托尔斯泰、莎士比亚、马克·吐温、马尔克斯等大师就在身边。学生在与大师对话的过程中，自然能提升自己的认识水平和思想水平。学生在阅读名著的过程中所形成的思想积淀、审美感悟和文化理解，能有力地促进自身独立阅读能力的发展，提升自己的语文核心素养。

叶圣陶先生说过:"阅读是吸收,写作是倾吐,倾吐能否合于法度,显然与吸收有密切的联系。"这句话明确了阅读与写作的关系,也启发我们进一步思考名著阅读与写作的关系。名著作品在内容质量上有保证,在语言表达层面有示范价值。学生在名著阅读中能够吸收到诸多方面的营养,特别是整部作品的构思布局、各种艺术手法的运用、用词用语的精妙等,从而能够多方面地提高自己的语文素养。

27. 学习名家名篇后，教师让孩子借阅相关作品，目的是什么？

《义教课标（2011年版）》建议教师"培养学生广泛的阅读兴趣，扩大阅读面，增加阅读量，提高阅读品位，提倡少做题，多读书，好读书，读好书，读整本的书"。从课程标准的要求，我们不难看出，中小学生要有一定的阅读面、阅读量的积累。为了落实这一要求，教师需要引导学生开展大量的课外阅读，并对课外阅读的内容进行筛选。

毋庸置疑，语文教材上的课文都是经过编者精挑细选的，文质兼美。受到现行教材编写体例的限制，教材中的文本多是短小精悍的文章，虽然也有一些名篇，但大多是节选。学生要凭借单篇文章来了解一个作家的作品风格，凭借节选段落去把握一部经典作品的宏大体系，显然是不够的。正如叶圣陶先生所言："单凭一部国文教本，是够不上反复历练的。所以必须在国文教本以外再看其他的书，越多越好。"

学习名家名篇后，老师让孩子借阅相关作品，目的就是培养学生的阅读兴趣，引导学生扩大阅读面，正确、自主地选择自己的阅读方向，从而提升自身的语文能力和文学素养。现在高中阶段开展的专题学习、任务群教学等，就是这样一种扩大阅读面、增加阅读量的积极尝试。教师可以带领学生进行整本书阅读，比如，由《<论语>十则》向《论语》整本书拓展；还可以带领学生对作家做专题研究，比如，学完教材中鲁迅的杂文后，可以补充阅读鲁迅的其他杂文，形成鲁迅杂文专题研究；等等。这种补充阅读，是课内阅读学习的延伸，是学生养成良好阅读习惯的导引，不仅有利于学生阅读量的积累，久而久之，必然会实现学生阅读能力方面质的突破。

28. 为何要进行全科阅读？

全科阅读是指全体教师参与指导下的课外阅读活动。全科阅读内容涉及历史故事、百科知识、天文、地理、计算机、图表、说明书等；全科阅读形式涉及纸质阅读、视听阅读等。全科阅读的关键词是全学科参与、多角度阅读。不仅语文要阅读，数学、英语、科学等学科都要通过阅读激发学生的学习兴趣，帮助学生形成和发展他们独立思考问题、理解事物的多元思维。

传统的阅读观认为阅读是语言学科（语文、外语），甚至是语文学科的专利，片面认为阅读能力与阅读习惯的培养是语言学科的特定任务。不可否认，阅读首先是语言学科的教学任务，但是就阅读实践而言，阅读不只是语言学科的事情，非语言类学科同样承担着培养学生阅读能力的任务。人类的语言除了基础语言外，还有特定的学科性语言，如数学语言、科学语言（物理的、化学的、生物的语言等）、美术语言、音乐语言……对于以特定的学科性语言编写的读物，学生要读懂其语言规则并深入把握其中的文化意蕴。所以，就学生阅读能力的全面发展而言，学生需要全科阅读。

全科阅读不是漫无边际的杂乱阅读，而是定期在某一主题的指引下开展的综合阅读活动。这种综合阅读活动有着鲜明的主题特征，或围绕同一本书，或围绕同一个话题，教师从各自学科的角度进行研究，组织、指导学生进行全面的阅读，使学生将阅读内容与学科知识融会贯通。比如，开展《昆虫记》的主题阅读，各学科教师分别从文学、生物、地理等角度设计活动，将多途径、多种类的阅读和综合实践活动融合起来。这种全科阅读方式能有效激发学生的阅读兴趣，提升学生综合学习的能力。

全科阅读能大量增加学生的阅读量，为学生营造一个良好的阅读环境。由于全科阅读是全体教师共同参与的阅读活动，所以全科阅读的书目要由全校教师共同选择，要涉及不同学科、不同类别的书籍。如此广泛的书目，不仅能照顾到不同学生的阅读兴趣，也必然会增加学生的阅读量，拓展学生的阅读经验，丰富学生的精神世界和情感体验。

29. 从课标推荐书目看，初中生的阅读应该涉及哪些领域？

《义教课标（2011年版）》在"关于课外读物的建议"中指出：

学生9年课外阅读总量达到400万字以上，阅读材料包括适合学生阅读的各类图书和报刊。对此提出如下建议：

童话，如安徒生童话、格林童话、叶圣陶《稻草人》、张天翼《宝葫芦的秘密》等。

寓言，如中国古今寓言、《伊索寓言》等。

故事，如成语故事、神话故事、中外历史故事、各民族民间故事等。

诗歌散文作品，如鲁迅《朝花夕拾》、冰心《繁星·春水》、《艾青诗选》、《革命烈士诗抄》、中外童谣、儿童诗歌等。

长篇文学名著，如吴承恩《西游记》、施耐庵《水浒传》、老舍《骆驼祥子》、罗广斌与杨益言《红岩》、笛福《鲁滨逊漂流记》、斯威夫特《格列佛游记》、夏洛蒂·勃朗特《简·爱》、高尔基《童年》、奥斯特洛夫斯基《钢铁是怎样炼成的》等。

教师可根据需要，从中外各类优秀文学作品中选择合适的读物，向学生补充推荐。

科普科幻作品，如儒勒·凡尔纳的系列科幻小说，各类历史、文化读物及传记，以及介绍自然科学与社会科学常识的普及性读物等，可由语文教师和各有关学科教师商议推荐。

从《义教课标（2011年版）》建议的课外读物书目中不难看出，初中生要涉及的阅读领域是非常广泛的，涉及文学、历史、哲学、科学、艺术等多个领域，古今中外，文史哲科，无不涵盖。教师、家长可以根据需要从各类中外优秀文学作品、历史和文化读物以及介绍自然科学与社会科学常识的普及性读物中选择合适的读物，向初中生补充推荐。

文学领域，初中生应该阅读更有深度的作品，重视积累各种内容主题、艺术风格的长篇文学名著的阅读经验；历史领域，可以阅读中外历史经典著作和历史随笔，如《万历十五年》《南渡北归》等，聚焦对历史人物与事件的思考，认识历史发展的规律；哲学领域，最好从具有启蒙性的东西方哲学史作品读起，也可以阅读一些关于哲学的普及读物，体味思辨的奥妙，探求美好的思想情感；科学领域，需要阅读反映科学发展过程中重大事件的作品，并在此基础上关注当代重要的科普作品，培养热爱科学的兴趣，了解必要的科学常识，如《科学简史——从文艺复兴到星际探索》《科学史十五讲》等；艺术领域，可以先从自己的兴趣出发，阅读相关的经典作品，充分感受美、欣赏美、认识美。

第三部分 基本阅读规律

阅读有其自身的规律和方法，掌握了阅读的规律和方法，建构起适合自己的阅读策略，孩子就可以进入自主发展阅读能力的阶段。阅读整本书，一要了解阅读一本书的一般过程，做出合理的阅读计划；二要知道如何在阅读过程中强化体验、丰富思考，怎样设计交流分享的话题以促进深入阅读，并形成新的阅读发现与感悟；三要明白可以借助哪些途径与方法提升不同阅读能力要素（如提取信息、形成解释、做出评价等）的发展水平。

30. 怎样引领孩子将阅读收获转化为写作能力?

杜甫诗云:"读书破万卷,下笔如有神。"要想写出好文章来,必须进行大量的阅读活动,从而积累丰富的语言知识和广泛的写作素材,学习并领悟文章的各种表达方式和技巧。唯有如此,写作时才能得心应手。

阅读是输入,写作是输出。引领孩子把他们的阅读收获转化为写作能力,仿写是必不可少的。

孩子在阅读的过程中,必将认识到名家文章之所以光彩照人,是因为其语言技巧、思想情感、篇章结构等方面有他人所未有之长处。孩子在阅读中应充分思考和领悟,边读边记,然后有意识地进行仿写。比如,从语言风格来讲,老舍的语言幽默、风趣,有京味儿。老舍语言的京味儿特点是如何体现出来的?我也写两句试试,比较一下有什么差异。在这种尝试和仿写的过程中,学生不断锤炼语言,遣词造句的能力会有潜移默化的提升。

相对于语言模仿,精构篇章框架,展现文章脉络,是更高层次的要求。比如,阅读《背影》一文,学生不难发现其开头与结尾简洁而不失精巧的特点，但更要注意作者选取的是特定背景下的背影。在学生仿写时，教师要适时引导他们从家庭生活中寻找类似的动情点，细细观察和生动描写。比如，父亲逆风中骑车远去的背影、奶奶在大枣树下佝偻的背影等。这样向名家学习如何谋篇布局，才能有所成效。

总之，读写紧密相关，在阅读中发现表达的规律，感受文本语言的风格，发现谋篇布局的妙处，领会思想认识的深刻，进而在写作训练中有意识地模仿，这样的阅读才更有效，写作也才能高效。

31. 摘抄好词好句的正确做法是怎样的?

《义教课标(2011年版)》强调,语文课程应"引导学生丰富语言积累,培养语感,发展思维,初步掌握学习语文的基本方法,养成良好的学习习惯"。从中可见,注重积累的导向是十分鲜明的。一般来说,教师在引导学生进行语言积累时,摘抄好词好句是比较常用的方法,摘抄的目的是积累,有助于学生将阅读内容内化为自己的语文素养。

但在教学实践中我们发现,虽然学生摘抄数量多,分门别类,设计精心,书写工整,但一番摘抄之后,在语言表达上仍是贫乏空洞,言之无物。我们建议教师从以下三个方面指导学生进行有效积累,而不是机械抄写。

第一,摘抄要有明确指向。学生如果缺乏明确目的而随意摘抄,只会成为好词好句的搬运工。教师需要给学生一个摘抄的方向,比如,人教版七年级上册第一单元有《春》《济南的冬天》《雨的四季》《古代诗歌四首》等描写四季的文章,这些文章中出现了很多描写四季景色的语句。教师可以根据教学要求让学生摘抄一些描写四季的好词好句。如此一来,学生就有了摘抄的方向。教师不仅要帮助学生巩固从课本中学习到的知识，还要有针对性地进一步拓展学生的视野，扩充学生的知识储备，从而有效地提高学生的综合素养。当然，在已明确摘抄方向的前提下，学生也可以根据自己的喜好或是写作中的不足来进行更有针对性的摘抄。

第二，摘抄不可止于"抄"。摘抄丰富了学生的语言积累，而有效的积累是建立在他们充分理解并灵活运用的基础之上的。因此，教师可以将学生单一的摘抄与词句欣赏、理解内容、品析语言、抒写感受、仿写文段等阅读活动结合起来。比如，可以设计给摘录的文段写读后感的活动，或对某些摘录的文段进行续写、扩写、仿写、改写、缩写。以仿写为例，可以只仿写某一点，如一种精巧的结构、一种形象的修辞、一句独特的表达，甚至是一个准确的词，只要能将文本中的精华应用到自己的表达中，便是不小的收获。长期坚持下去，自然能"笔下生花"。

第三，要适时地将摘抄内容进行展示和交流。这是落实摘抄实效性的方法之一。教师要积极展示学生的摘抄成果，或是让学生自由展示，从摘抄本中选择一些他们最喜爱的名言警句、短诗等在班上朗诵、介绍和点评；或是将优秀摘抄本在黑板报、多媒体、班级微信群里展示，让学生体验摘抄所获得的成就感，保持并促进学生读书摘抄的热情。

32. 怎样利用阅读分享增强学生的语言表达能力？

与他人交流自己的阅读心得，展示自己的读书成果，既能激发学生的阅读兴趣，又能促进学生口头表达能力和书面表达能力的提升。要使阅读分享达到提升学生语言表达能力的目的，就要注意阅读分享活动形式的多样性。在多样的阅读分享活动中，不管是学生的口语交际水平，还是书面表达水平都将获得提升。

一般来说，阅读分享可分为展示型和互动型。

所谓展示型，就是学生将自己阅读的成果以多种形式（读书汇报、手抄报、剧本表演等）呈现在其他同学面前。以读书汇报为例，教师在学生汇报前，一定要做好有的放矢的指导，要求学生不必面面俱到，而是要根据自己的读书所得，选择一两个方面细谈深谈。比如，可抓住一个情节或一个细节来阐述，可抓住一个人物的特点来分析，可抓住一种写作方法来介绍，也可联系自己的学习实际、思想实际来谈。有了这样的指导，学生在组织发言稿的过程中再去思考从哪几个方面介绍，选取什么角度进行赏析，怎样简明地组织语言，如何介绍才生动有吸引力。学生在准备过程中的写作能力和在汇报过程中的口语表达能力均会得到同步的提升。

所谓互动型，就是师生共同参加一个阅读任务或者阅读活动，一起就其主题或者问题进行探讨，然后发表各自的理解和看法，在相互的交流分享中促进深度阅读。比如，阅读《假如给我三天光明》时可以组织辩论赛，提出"克服困难：个人努力和外界指导，哪一个更重要？"的辩题，让学生在辩论过程中阐明观点、交流看法，形成思想碰撞。在对学生的辩论评价中，教师如果有意识地将重心放在对学生的语言表达评价这一方面，如"他的这一反驳切中要害，很有反击力""他举的这个例子很有说服力""他的因果逻辑推理很严密"等，学生会更清楚地认识到语言实践的重要性。

需要强调的是，教师只有在阅读分享中做好指导，并落实好阅读分享活动，才能达到增强学生语言表达能力的效果。

33. 阅读一本书的一般过程是怎样的？

美国教育家莫提默·J.艾德勒在《如何阅读一本书》中这样写道："阅读一本书，要提出四个基本问题：整本书到底在谈些什么？作者细说了些什么，怎么说的？这本书说得有道理吗，是全部有道理，还是部分有道理？这本书跟你有什么关系？"弄清这四个基本问题的过程，就是我们阅读一本书的一般过程。

拿到一本书，首先要明白它写了什么，将书从头到尾读一遍，对整本书的主要内容有大致的了解。比如，阅读小说就要熟悉并把握故事情节，小说中的人物性格及主题思想都是在情节的发展演变过程中逐渐展现出来的。明白一本小说写了什么后，就用尽量简洁的语言把小说的故事情节讲给他人听。以《堂吉诃德》为例，读完小说，要能够讲述堂吉诃德两次出游的"骑士"伟业。

接着是细读作品，这是感受作者在说什么，怎么说的。仍以《堂吉诃德》为例，小说通过对大战风车、拜访意中人、与羊群作战等情节来表现这个荒谬的人物形象。细读时要思考作者为什么要创造这一人物形象，其意义何在。了解作品的创作背景，才能理解作品所塑造的堂吉诃德为什么会是这样一个行为荒唐、滑稽可笑的人物。

然后思考一本书表达的思想观点。阅读一本书，多数读者都是抱着接纳的态度，但任何一本书都不是完美的，我们应该带着质疑、批判的态度去读书，这会更有益于提升自己的思维能力，让自己成为具有独立精神的人。"尽信书则不如无书"，说的就是这个道理。因此，阅读一本书的过程中，要针对作品内容自觉地提出一些问题，在质疑中理解作品表达的思想观点，同时形成自己的个性认识。

最后，阅读要读出自我，即结合实际生活，读出自己的认识和感悟。获得知识，提高能力，联系自身、联系生活运用这些知识与能力，是读书的重要目标。堂吉诃德究竟是疯癫痴狂还是英勇无畏？现代生活中有这样的堂吉诃德吗？你认同这样的行为吗？把作品中的人物置于现代社会里，加以这样一系列的拷问，对于《堂吉诃德》的阅读自然就走向了深处，阅读的价值也就呈现出来了。

34. 怎样培养孩子的阅读习惯？

良好的阅读习惯让人终生受益。培养孩子的阅读习惯一定要从小抓起。家长在培养孩子的阅读习惯时，需注意以下三个方面：

第一，家长要让孩子体验良好的阅读氛围。比如，营建家庭阅读区，在阅读区放置丰富多样的图书，让孩子能在这个区域随心所欲地根据自己的兴趣愉快地阅读；还可以在周末带孩子去大型图书大厦或图书馆，挑选图书，阅读图书，让孩子对"人人都读书"的现象有清晰直观的感受。

第二，家长要以身作则，言传身教。一个良好读书氛围的形成，不仅仅依赖于以上所说的客观环境的构成，更需要主观环境的营造，也就是说父母要同孩子一起读书。比如，晚上父母要放下手机、关掉电视去读书，孩子自然会效仿，一家人都读书，这样的氛围会对孩子形成潜移默化的影响；父母也可以和孩子开展亲子共读活动，父母与孩子共读一本书，共同讨论，彼此交流，鼓励孩子说出自己的感受和想法，增强孩子的思考能力、沟通能力和表达能力，培养孩子边读边思的阅读习惯。

第三，读书要持之以恒，这也是最重要的一点。家长的坚持是培养孩子阅读习惯的独门秘诀。在培养孩子阅读习惯的起始阶段，家长要制订适宜的阅读计划。比如，每晚睡前半小时是阅读时间，每周要和孩子交流读书感受等。这样坚持下去，才能帮助孩子养成爱读书、爱思考的良好阅读习惯。

35. 如何才能把书"读薄"?

所谓把书"读薄",源于数学家华罗庚对读书的真知灼见。他认为,读书的真功夫在于"既能把薄的书读成厚的,又能把厚的书读成薄的"。把厚书"读薄",即读书要抓住书的要点,把握书的精髓,这样才算读懂了整本书,正如华罗庚所言,"当我们对书的内容真正有了透彻的了解,抓住了全书的要点,掌握了全书的精神实质以后,就会感到书本变'薄'了。愈是懂得透彻,就愈有'薄'的感觉。"

第一,把书"读厚"。这需要了解不同书籍的不同特点,采用不同的阅读方法来读懂作品,读懂蕴藏在字里行间的深意。以小说、诗歌、散文、戏剧四大文学体裁为例,它们各自的文学表现特征是不一样的。读小说作品,重点是准确、精要地把握故事情节和人物形象,理解作品力图反映的社会风貌及主旨思想;读诗歌作品,重在感受诗词的意象、意境和韵律;读散文作品,重在感受作品所传递的情或理;读戏剧作品,则重在体会紧张激烈的矛盾冲突,人物的片言只语都可能隐含着波澜起伏的故事。先把书"读厚",做到胸有成竹;再把书"读薄",就能做到游刃有余。

第二，要做到不动笔墨不读书。孩子在阅读过程中要养成自觉做摘录、写读书笔记的良好习惯。具体而言，可以勾画圈点打问号，在读不懂、有困惑、不认同的地方打上问号；可以寥寥数语写批注，读到精彩的词语、句子时，自己写上几句简短的批注；可以不拘一格地写感受，读书的感受因人、因地、因时而异，可以边读边写，也可以读完再写。总之，多思考，多积累，是把书"读薄"的捷径。

第三，要注意反复阅读。经典作品的思想、情感、主题、意义往往蕴藏在文本内容当中，需要孩子去寻找、去挖掘、去发现、去获得。有些小说的主题不是单一的、确定性的，而是立体的、多层次的、不确定性的，需要孩子结合个性化的阅读感受与生活经验去理解。在不同的时代、不同的文化背景下，不同年龄阶段的孩子对于作品会有不同的理解与评价，因此要鼓励孩子反复阅读经典作品，收获新的发现和新的感悟。

将书"读薄"不容易。"读薄"的过程，其实就是不断过滤、不断凝练、不断升华的过程。这样读书，每读一本，就能获得"读薄"的效果，长此以往，其作用和意义不言而喻。

36. 家长如何指导孩子自主阅读？

自主阅读的主要特征为：自主选择阅读内容和阅读方法，自主理解、探究，独立感悟，学有所获。孩子阅读的成效与自主阅读能力的高低有着密切关系。但自主阅读不等于放任自流，需要家长的必要指导。

孩子自主选择好阅读内容后，家长首先要指导孩子制订切实可行的阅读计划，规划好每天的读书时间和时长。其次要指导孩子根据阅读内容和阅读需要确定阅读方法，比如，知识性读物可进行泛读和略读，文质兼美的佳作可进行品读和精读等。孩子会认识到采用科学的阅读方法，能获得事半功倍的阅读效果。

孩子自主阅读时，家长可以根据书中的内容与孩子互动交流。互动交流一定要用孩子喜欢的方式，如通过口头表达、绘画、写作等形式，让孩子表达自己的感受和思考。互动交流要尽量结合孩子的兴趣展开。比如，孩子喜欢昆虫，家长可以引导孩子阅读《昆虫记》，带孩子一起观察昆虫，引导孩子结合书中的文字描写进行观察，并做好记录。这种结合生活和爱好的阅读，会给孩子带来更多的阅读快乐。

孩子自主探究时，家长的点拨引导是十分必要的。比如，阅读《水浒传》，孩子会读到打家劫舍、杀人如麻、血流如注等情节，家长要引导孩子结合当时的社会大背景进行辩证思考并做出客观评价；阅读《三国演义》，家长要引导孩子欣赏桃园结义、舌战群儒、七擒孟获、温酒斩华雄等经典情节，从细节阅读中感知鲜活的人物形象，体会经典的文学魅力。

37. 怎样引导孩子深入阅读？

在当前全民阅读的大背景下，我们发现许多孩子爱看书，阅读量也不少，可是走马观花、囫囵吞枣，阅读效果大打折扣，浅阅读现象非常普遍。这样的阅读会导致孩子并没有把书真正读进去，自然也不可能对他们起到应有的教育、感化、陶冶的作用。

要引导孩子深入阅读，不同学段有不同的侧重点。

对小学阶段的孩子，家长可引导他们采用复述、续写、改写、写读后感等方式，使他们走向深入阅读。比如，让孩子给书中某一情节画幅插图、为书中最喜欢的人物写首小诗或是写一封信等。这些活动能有效激发孩子积极阅读与深入思考，使阅读由浅入深。

对于中学阶段的孩子，家长应该组织并开展多种多样的拓展阅读活动。比如，家长可以引导孩子从阅读《故乡人》，走向阅读汪曾祺的散文集与小说，让孩子更深入地感受汪曾祺与众不同的创作风格；可以进行同一主题不同体裁作品的比较阅读，如"母亲"这一主题，在诗歌、散文、小说、戏剧中的表现手法不同，在比较阅读中，让孩子深入理解主题内容，懂得不同表现手法发挥的作用；可以进行同一题材甚至同一题目的比较阅读，如朱自清和俞平伯都写过题为《桨声灯影里的秦淮河》的散文，引导孩子研究其选材、立意、表达方式等方面的异同，从而进行深入阅读，有效地避免孩子浅尝辄止的阅读。

家长还可以采取评价、质疑等方式促使孩子树立问题意识，对文本做出自己的分析判断，就疑问处进行自主探究，并把自己个性化的思考与大家交流分享，借鉴、吸纳他人的观点，这也是深入阅读的有效方式。

深入阅读的方法多种多样，以上略举一二。真正的深入阅读就是孩子与作品对话、与作者对话、与自己对话。通过与作品对话，孩子能够真正地走进作品，把作品读通、读懂、读透；通过与作者对话，孩子能够揣摩作者的写作意图和思想情感。而归结到最后，阅读是在与自己对话，孩子要读出自己的感悟和认识。

38. 家长如何引导小学阶段的孩子边读边思?

古人云:"好学深思,心知其意。"孔子也说过:"学而不思则罔,思而不学则殆。"由此可见,在读书过程中思考的重要性。只读书而不思考,阅读就会成为闲暇时的消遣,或成为无聊时的猎奇,浮光掠影,走马观花,失去了阅读应有的价值和意义。所以,家长要加强对孩子边读边思这种良好阅读习惯的培养。

具体而言,对于小学低段的孩子,家长可以尝试让他们复述故事。听了或是读了寓言、童话后,家长要鼓励孩子讲给大家听。复述故事必然要经历思考、理解、组织语言和表达等一系列复杂过程,能够锻炼孩子多方面的能力。

等孩子到了小学中、高段,家长可以变换方式,如让孩子续编或者改写故事。家长可以引导孩子将书中的情节和自己的生活经历相联系,回忆自己是否有类似的经历;也可以让孩子假想自己是作者,会怎么写这个故事;还可以用猜读的方式,即故事读到一半,先不急着往下看,而是试着猜测接下来人物会说什么、做什么。如孩子读《刻舟求剑》这个故事时,家长可以提醒孩子先不看结尾,并问孩子:如果你是楚人,你会怎么办呢?然后将孩子的做法与楚人的做法进行对比，孩子便会对这个愚蠢不知变通的楚人印象深刻。读《田忌赛马》也是如此，让孩子边读边猜：如果我是田忌，怎样才能赢得比赛？在读完整个故事后，可以与孩子讨论：作者认为田忌很聪明，你觉得呢？运用这种方式进行阅读，孩子会产生一种急于了解下文的愿望，急于知道下文内容与自己猜想的是否一致。孩子的大脑处于积极的思维状态，不仅大大提高了阅读速度，还对创造性思维的培养有所帮助。

综上所述，对小学阶段的孩子而言，复述故事、分享故事、猜读故事、续编故事等方法都可以引导孩子边读边思。如果家长能帮助孩子从小养成这种边阅读边思考的习惯，那么孩子将会受益终生。

39. 经典为什么值得反复阅读?

经典,凝聚了一个民族、一个时代精神的精华,汇集了人类最美好的精神创造。我们之所以要反复阅读经典,是因为经典具有典范性,其丰富的内涵能经得起反复咀嚼而味终不淡,经得起一遍一遍地挖掘印证,能在新的条件下释放出新的能量,给我们新的启示。

与其他作品相比,经典体现了一种标准、尺度、榜样,一种后来者理当遵循的典范。以《史记》为例,这部经典作为古代散文的典范,它的写作技巧、文章风格、语言特点都为后代散文家所推崇。一旦时代文风出现偏离,散文家们就会以《史记》作为评判的标准,从而引领他们的创作。正是有了从唐宋八大家到明代前后七子再到清代的桐城派等一代代散文大家对《史记》的反复阅读,才推动了古代散文的发展创新,造就了中国古代散文蔚为大观的景象。

经典丰富的内涵赋予其"说不尽"的主题,而且大多数经典在不同的时代、不同的情景下阅读会带给人们不同的启示和回味。我们常说"一千个读者就有一千个哈姆雷特",对于一部经典而言，一个读者也会读出"一千个哈姆雷特"。同一个读者，在不同的心境、不同的阶段会产生不同的阅读感受。鸿篇巨制《红楼梦》，自然不必说；即便是短小精悍的作品，如《长恨歌》《孔乙己》《项链》等，读者也会有多元的解读。对于《长恨歌》主题的理解，就有三种说法：一是讽喻说，认为其通过对唐玄宗、杨玉环故事的叙述，暴露了统治阶级荒淫无耻的生活，反映了中唐时代各种社会矛盾；二是歌颂说，认为表现的是唐玄宗、杨玉环真挚专一的爱情；三是双重主题说，认为所展示的爱情悲剧有其特殊性，作者对唐玄宗、杨玉环既有谴责也有同情，怒其作孽，哀其可怜。当我们初读《长恨歌》时，很可能认为这就是一个爱情悲剧，但随着年龄和阅历的渐长，我们重读并且再去思考悲剧产生的原因时，可能会对作品主题有更深的认识，这就是经典常读常新的意义所在。

反复阅读经典是个体提升精神状态的需要，也是个体进行民族认同的责任所在。关于生死、爱憎、美丑、善恶的题材既是文学作品写不尽的宏大母题，也是人类对自身命运世代深思省察的永恒命题。阅读古往今来的经典，除了应当虔敬地学习其思想、架构、词采之外，更重要的是与之进行一场密切的对话。在与经典一次次密切对话的过程中，我们的思考认知、价值评判以及对美的欣赏能力都将日臻成熟。

40. 如何帮助孩子完整、清晰地复述整本书的内容？

复述是一种"说"的训练，要求在理解和记忆整本书内容的基础上，根据要求组织语言来讲述。复述能够反映一个人的语言表达能力，也能反映一个人的语文素养水平。复述大体可以分为简要复述、详细复述和创造性复述三种。简要复述时，需要把握整体，理清线索，舍枝去叶，讲清楚本书的基本线索或基本观点；详细复述时，需要把阅读的内容尽可能完整、准确、清楚地叙述出来；创造性复述时，则可以加入自己的想象和见解，还可以改变人称、改变叙述顺序、合理扩充故事情节等。

家长要想帮助孩子完整、清晰地复述整本书的内容，可以从以下几个方面入手：一是把目录作为复述提纲，复述就是充实目录的内容。这样能确保复述内容是完整的。二是复述叙事性作品时，可以按照记叙文的六要素来复述整本书的内容。先分析整本书中事件发生的时间、地点、人物以及事件的起因、经过、结果，然后依照顺序复述，以确保复述内容的完整。三是采用列提纲或是绘制思维导图的方式来复述内容。列提纲，能够把整本书的主要内容梳理清楚；绘制思维导图，有助于将整本书的人物关系、情节发展顺序、事件因果联系等一并列出。列提纲和绘制思维导图都是保证复述完整的好策略。

因为列提纲和绘制思维导图具有清晰的逻辑线索，所以家长要引导孩子采用这些方法以便达到清晰复述整本书的目标。家长要认识到"清晰"不仅仅是要求孩子复述时口齿要清楚，而且是强调复述内容的逻辑层次要清晰。因此，家长要提醒孩子在阅读整本书时，首先要确保自己把整本书读懂，把握整本书的内涵与精髓，在此基础上准确地概括整本书的主要内容和中心思想，这样才有可能层次清楚地进行复述。对于一些叙事宏大、人物众多、情节复杂的整本书，要想清晰地进行复述，最好的办法就是反复阅读。第一遍可以浏览，了解故事梗概；第二遍、第三遍阅读时，需要精读，要抓住主要事件和人物，建立起它们之间的联系，这样才有可能进行清晰的复述。当然，清晰地进行复述，还要注意复述本身的诸多问题，如复述表达的思路、复述内容的逻辑关系、复述内容的详略处理等。

41. 如何启发孩子表达个人在阅读过程中的体会与思考？

语文课程是一门学习祖国语言文字运用的综合性、实践性课程。孩子在阅读过程中有体验、有思考，应该具有积极表达出来的意识与能力。但是，不少孩子不爱表达，不会表达。教师和家长应该积极寻找有效策略启发孩子表达个人阅读过程中产生的体会与思考。

第一，要提高孩子对于表达的认识，激发孩子表达的兴趣。很多孩子在阅读名著的过程中不是没有体会和思考，而是没有认识到需要把这种体会和思考表达出来，没有认识到在与人分享交流的过程中能够丰富自己的生活经历和情感体验以及自己对自然、社会、人生的思考。这需要教师和家长给孩子讲明分享与交流的重要性，从而促使孩子树立主动表达的意识。

第二，要鼓励孩子大胆表达，并给予肯定和赞扬。一般来讲，孩子不愿意主动参与交流，其原因是多方面的，但不能忽略的是心理方面的因素。不少孩子在长辈面前、在社交场合有一定的压力，怕表达错误而让自己难堪。这种情况往往使他们羞而止步,甚至产生自我封闭的心理,于是干脆不出声。针对这一情况,教师和家长应积极鼓励他们大胆表达,只要他们大胆说出自己的体会与思考,就及时给予鼓励,然后就他们表达的情况,因势利导,提出建设性意见,做出有针对性的评价,从而完善他们的表达技巧。

第三,要努力营造轻松和谐的交流氛围。在一本书面前,教师、家长、孩子都是平等的阅读者。教师、家长因阅历丰富而具有多样的阅读视角,但即便如此,也不该凌驾于孩子的阅读之上。要想让孩子表达个人在阅读过程中产生的体会与思考,长辈们应尽量态度和蔼、语言亲切,有意识地营造轻松和谐的交流氛围,并适时地设计一些能激发孩子表达的活动,这样孩子就能自觉、轻松地表达,渐渐养成乐于表达的习惯。

第四,要加强引导和点拨。如果教师和家长引导得好,关键处点拨得准确,孩子在表达时就会少走弯路,减少盲目性和错误。家长可以参与孩子的表达活动中,适时提问,与孩子展开讨论。遇到难度较大的问题时,教师和家长可以分几个层次进行发问,由浅入深,让孩子"跳一跳,摘到桃",尝到成功的乐趣。这样,孩子看到自己的进步,分享交流的积极性也就随之高涨了。

需要注意的是,以上介绍的几种做法是相互联系、相互补充的,只依赖其中的一种做法是不够的。教师和家长应该根据孩子阅读与表达的实际情况,选择并综合运用多种做法,以达到提高孩子表达能力的目的。

42. 家长怎样帮助小学中段的孩子发展提取信息的能力？

小学中段（3～4年级）是孩子跨入高年级的起始阶段，也是孩子学习习惯、学习态度从可塑性强转向逐渐定型的重要过渡阶段。孩子在这一时期如果能够具备比较强的提取信息的能力，他未来的阅读能力必定会有稳步的发展。

《义教课标（2011年版）》对提取信息的能力提出了如下要求，"初步具备搜集和处理信息的能力"，"能从文章中提取主要信息，进行缩写"。家长应该努力创设条件，放手让孩子独立去获取和解读信息。通常，孩子们在课堂上已经通过学习，知道了获取信息的重要性，也了解了获取信息和解读信息的思路和方法。但是，要想真正提高提取信息的能力，家长必须对孩子进行针对性的训练，在训练中帮助孩子养成获取信息的习惯，使他们能及时反思和总结。

孩子不能仅仅局限于从文本中提取信息，还要注重对于所提取信息的理解。提取信息的能力是一切能力的基础，没有提取信息的能力，其他能力的发展就没有坚实的基础。在帮助孩子发展提取关键信息的能力方面，家长要做到以下几点：

第一，家长要指导孩子通过多读获取信息。阅读的要求要具体，层次要分明，以达到逐步提高孩子阅读能力的目标。

第二，当孩子从文本中获取相关信息后，家长要引导孩子理解，不要仅仅停留在记忆的层面上。

第三，文本信息包括显性信息和隐性信息，提取的方法有所不同。显性信息一般都能在文本中直接找到，而隐性信息则隐藏在文本中，家长需要引导孩子结合特定的语境理解字、词、句的含义，从而将其提取出来，并要注意拓宽孩子的思维，让孩子理解文本潜在的含义。

第四，家长要引导孩子对信息进行多元解读。文本中的一些语言材料所隐含的信息并非单一的，孩子在阅读过程中可能产生多样性、个性化的理解。因此，在坚持文本的正确价值取向的同时，家长不要以标准化答案限制孩子的多元解读。

第五，家长要特别关注孩子对语文基础知识的掌握情况。孩子的基础知识掌握得越牢固、越深厚，他对信息的感受就越敏锐，对事物的判断也越准确。

43. 怎样帮助小学高段的孩子提高形成解释的能力？

《义教课标（2011年版）》在小学高段（5～6年级）阅读教学目标中明确指出："阅读叙事性作品，了解事件梗概，能简单描述自己印象最深的场景、人物、细节，说出自己的喜爱、憎恶、崇敬、向往、同情等感受。阅读诗歌，大体把握诗意，想象诗歌描述的情境，体会作品的情感。受到优秀作品的感染和激励，向往和追求美好的理想。阅读说明性文章，能抓住要点，了解文章的基本说明方法。阅读简单的非连续性文本，能从图文等组合材料中找出有价值的信息。"这些主要是对小学高段的孩子形成解释能力的要求。

在了解文本内容的基础上，描述文本的具体内容以表达自己的感受，描述诗歌的诗意以体会作者的情感，提取说明文内容要点以解释说明方法等，这是小学高段的孩子形成解释能力的关键表现。在课堂教学中，教师会根据阅读文本的特点，采用多种的方法提高孩子形成解释的能力。在家庭学习中，家长可以从以下几个方面帮助孩子提高形成解释的能力。

第一，加强预习指导。家长可督促孩子在预习的过程中读课文、标好自然段序号、查资料等，让孩子在独立阅读的过程中先尝试理清文章思路、概述文章主要内容等。这样，在课堂学习中就能够更好地与文本、与教师对话，更准确地掌握文本内容，为接下来的阅读活动做好准备。

第二，指导阅读方法。家长可以把教师指导的阅读方法加以强化，慢慢内化成孩子自己的方法。我们从三个方面给出建议：一是激活原有知识。阅读开始前，家长应鼓励孩子将自己的生活与文章里的情景做比较，用孩子以前的生活经历来猜读文章的内容，形成阅读期待。在阅读过程中，家长应引导孩子利用原有的知识去建立文章各部分之间的联系，补足文章里省略的信息。在阅读之后，家长应帮助孩子回顾旧知，巩固新知，深化理解。二是学会确定重要信息。家长要帮助孩子围绕文章要表达的重要内容对阅读材料进行处理，对重要信息进行更深入的加工，对非重要信息减少加工，甚至忽略。这样就能进行有重点的阅读。三是鼓励孩子积极质疑。在孩子读整本书的基础上，家长应多鼓励孩子就文章内容提出问题并尝试回答，这能够促使孩子积极地阅读，提高孩子理解文章的能力。在思考中质疑，在阅读中解疑，孩子形成解释的能力就会得到不断提高。

第三，督促课外阅读。孩子在课内所读的课文只是例子，孩子凭借学习课文所掌握的只是基本的阅读方法。孩子只有经过大量的课外阅读实践，才能不断强化自己的阅读能力，阅读方法才会内化为较强的阅读能力，才能切实提高形成解释的能力。家长应督促孩子有效利用零散时间阅读课外图书，促进他们养成良好的阅读习惯，这对于提高他们形成解释的能力是十分重要的。

44. 怎样帮助初中生在完成阅读后形成自己的观点？

《义教课标（2011年版）》对初中生阅读提出了明确的要求，"对课文的内容和表达有自己的心得，能提出自己的看法"，"在理解课文的基础上，提倡多角度、有创意的阅读，利用阅读期待、阅读反思和批判等环节，拓展思维空间，提高阅读质量"。这实际上是要求学生在阅读后形成自己的观点。为了帮助初中生达到这一要求，家长可以从以下几个方面做出尝试：

第一，鼓励孩子广泛地阅读。广泛阅读是一个人形成个人观点的基础。大家知道，单一的知识体系会逐步僵化我们的思维，使我们看待问题的角度比较单一，解决问题的方法也比较单调，这会直接影响观点的形成，也会对能力的发展造成障碍。更可怕的是，这会让我们变得狭隘、无趣。而要打破这种状态，唯有广泛涉猎各个领域的知识。广泛阅读能够增加思维的多元性，避免单一性。在广泛涉猎各领域知识的同时，孩子常常会相互类比和相互印证，这其实就是发掘问题本质的开始。随着掌握的知识越来越多，思考也会越来越深入，所以家长要鼓励孩子广泛阅读，为其观点的形成奠定基础。

第二，引导孩子学会在阅读中思考。"学而不思则罔，思而不学则殆。"独立思考是发现问题、分析问题、解决问题的必要条件，对孩子主动获取知识、提高阅读能力有着重要的作用。因此，在阅读中，家长一定要注意培养孩子独立思考的能力。家长提出问题后要求孩子独立思考，一次思考不出来，可以两次、三次……孩子实在思考不出来，家长适当提示，予以引导，如此持之以恒地训练，孩子的独立思考能力就会增强。

第三，引导孩子学会多角度看问题。学会多角度看问题，孩子就能更深刻地理解作品，把握作品的思想内容，对作品有一个全方位的理解；同时能够培养联想和想象的能力，养成良好的学习习惯，有助于形成自己的观点。

最后，要鼓励孩子大胆质疑。朱熹说"学贵知疑，小疑则小进，大疑则大进"，孟子说"尽信《书》，则不如无《书》"。家长要鼓励孩子在阅读过程中提出疑问，鼓励孩子对作品的主旨思想、情感态度、写作手法、语言特点等提出个人独特的看法。在家长适当的肯定和鼓励中，孩子的创新思维得以提升，并最终收获属于自己的思想观点。

45. 怎样引领高中生从不同角度欣赏和评价阅读文本？

《高中课标（2017年版）》要求高中生阅读"努力从不同的角度和层面进行阐发、评价和质疑，对文本做出自己的分析判断""阅读实用类文本，能准确、迅速地把握主要内容和关键信息，对文本所涉及的材料有自己的思考和评判。阅读论述类文本，能准确把握和评价作者的观点与态度，辨析观点与材料（道理、事实、数据、图表等）之间的联系。阅读古今中外文学作品，注重审美体验，能感受形象，品味语言，领悟作品的丰富内涵，体会其艺术表现力；努力探索作品中蕴含的民族心理和时代精神，了解人类丰富的社会生活和情感世界，增强民族文化自信"。这些要求能引导高中生走向深入阅读，并能够对文本内容进行辩证思考，做出自己的评价。

对不同的文体，欣赏和评价的重点、方式是有所不同的。对于以记叙、抒情为主的作品，要善于把握作品的思想情感。对于以说明、议论为主的文章，要善于把握文章的观点和价值，如阅读说明文，要看文章是否说明了事物的功用、传达了新的观念、带给人新的知识或认识；而阅读议论文，主要看文章的论点、论据、论证三者之间是否存在必然的逻辑联系，论证过程是否合理。下面以对文学作品的欣赏和评价为例，给教师提供一些策略。

第一，把握文学作品的主旨和情感。文学作品是现实生活在作家头脑中反映的产物。不同时代的文学作品具有不同的特色；同一时代的作品，由于作家风格、思想的不同也会有不同的表现；即使是同一作家，也会由于社会生活的变动、个人情感的变化，写出表达不同情感态度的文学作品。因此，把握文学作品的主旨和情感是欣赏和评价作品的基础。教师要引导高中生学会联系作品的背景，尽可能多地搜集相关的阅读资料，筛选与主题有关的信息，加以判断、整合，从而获得对作品多角度的深入理解。

第二，把握文学作品中的人物形象。把握文学作品中的人物形象，是理解作品内容，进而欣赏和评价作品的重要路径。把握文学作品中的人物形象，主要从两个方面入手：一是简要分析人物的性格特征；二是揭示人物的典型意义。欣赏和评价人物形象时，不能以现成的概念往人物身上套，不能给人物贴标签，更不能将人物自身所没有的特点强加于人物，而是要从文学作品的实际内容出发，也就是要结合文学作品中人物形象的言行、结合对人物所进行的种种描述来欣赏和评价。另外，欣赏和评价人物形象时不能仅仅用一些概括性的词语进行表述，要联系作品内容做简要分析，同时还要立足现实，将文学作品中的人物与当前社会生活联系起来。

第三，欣赏和评价文学作品的语言。教师在引导高中生欣赏文学作品的语言时，要让他们明白文学语言所具有的形象性、典型性、情感性的基本特点，还要让他们明白精到、奇妙、鲜活是文学语言的更高层次，更要引导他们学会从不同角度分析、品味文学作品的语言特点：语言的准确、简练、生动、形象；平仄、音韵、节奏的和谐；整散句、长短句的搭配；比喻、排比、拟人等修辞手法；幽默、辛辣、自然、简明、含蓄、深沉等表达风格……欣赏和评价文学作品的语言是一个丰富审美体验的过程，在了解欣赏和评价路径的基础上，循序渐进，最终形成个人准确而独到的审美品位。

46. 如何引领学生借助经典阅读实现自我发展与完善？

语文教育最主要的功能是教育人、改变人，这是一种内化人心的教育。语文的阅读教学，尤其是名著阅读更有利于学生身心的健康发展，能够改变正在成长中的青少年，使他们心灵更纯洁、人格更独立。

经典作品的容量大，所反映的社会现实会更丰富而深刻，经典阅读对于缺乏生活体验的学生来说是一种特殊的营养，对构建学生自己的生活经验、培养高尚人格等有重要作用。不仅如此，由于经典阅读本质上是长期自觉的阅读行为，学生对自己喜爱的经典，不会一两个学期读完就丢到一边，而是会反复品味，这种特殊的阅读行为和过程，能够有效地加强学生与人生、社会、自然、艺术、科学之间的联系，能够促进学生思考人生和社会，有利于他们在未来社会中的生存和发展。因此，学生借助经典阅读实现自我发展和完善是非常必要的。教师可通过以下方式来引领学生达成这一目标：

第一，指导学生领悟经典作品中的思想观念。所有的经典作品都蕴含着积极向上的思想道德观念。不论是赞扬美德，还是批判丑恶，作品的核心思想都是符合人类社会正确价值观的。因此，教师需要引导学生正确理解和领悟经典作品中的思想观念，体会作者的写作意图与创设的意境，从而提高学生的综合素养，帮助学生形成正确的人生观、价值观与世界观。

第二，帮助学生感受经典作品的主要内容。有些所谓的文学作品，由空洞的内容构架而成，推动情节发展的往往是一些怪诞的事件，初读时也许会让人读得津津有味，但值得回味的东西不多，文学性与思想性也大打折扣。而经典作品大多有着曲折的情节，故事性很强，点睛之处令人拍案叫绝，合上书后读者还会久久沉浸在作品中不能自拔。显然，经典作品蕴含着精粹的艺术表现手法。学生在阅读的过程中，深入理解经典作品的主要内容，感受并吸收其中的艺术精华，这样，能够不断提高自身的文化素养和审美品质。

第三，引导学生关注经典作品的意境，即体味作者的主观情意与所创设的客观景物的互相交融而形成的艺术境界。教师应指导高中生从语言文字出发，结合对作品创作背景和创作意图的了解，联系自己的生活经验，运用联想和想象，整体把握作品所创设的意境之美，深入探求作品的丰富意蕴。

第四，引导学生品读经典作品的语言。教师要鼓励高中生积累经典作品当中优美而富有意义的诗文，在朗读、背诵这些诗文的过程中，自觉积累语言材料，培养语感；要引导学生探究和发现典型的语言现象,并尝试在生活实际中运用;要创设丰富的学习情境,引导高中生认真体味与品析语言,提高自己欣赏与评价语言的能力;等等。

第四部分 阅读方法指导

不同的孩子使用的阅读方法不尽相同，这跟孩子的阅读习惯、知识背景和阅读经验密切相关。在名著阅读的过程中，常用的五种方法有：内容重构、对照阅读、跨界阅读、捕捉闪回、经典重读。如何帮助孩子在阅读的过程中运用阅读方法？具体到精读、浏览、细读等阅读方法，怎样指导才能真正促进孩子阅读能力的发展？阅读中需要借助一些思维工具，那么怎样才能发挥这些思维工具的作用？这些关乎阅读方法的问题，确实需要我们认真思考，找出答案。

47. 如何指导孩子精读一本书呢？

精读不同于一般的阅读，它是深入细致的研读。精读可以帮助孩子增强对作品内容与形式的理解。在有泛读做基础的前提下，家长可从以下三个方面入手指导孩子进行一本书的精读。

第一，帮助孩子从不懂到明白。阅读一本书，孩子往往不求甚解。家长要引导孩子关注不懂的词句，通过查字典或查资料的方法弄明白这些词句的含义。帮助孩子从不懂到明白，这个过程很重要。因为现今大多数孩子阅读时很浮躁，他们往往忽略解决他们阅读中产生的种种问题，家长应在追问中帮助孩子反思这些问题，探究解决问题的方法，只有这样，才能开启精读之门。

第二，帮助孩子从了解到理解。阅读一本书，孩子会把了解内容作为重点，一旦需要对作品内容进行深入探讨，就会暴露出他们没有真正理解作品内容的问题。对此，家长可以通过提问的方式让孩子细读作品，关注作品中读不懂的地方、最精彩的段落、最关键的情节等。此时的读，不是走马观花地再看一遍，而是对书中的情节、人物、环境等都进行认真的梳理。孩子在读的时候可以做圈点批注，这也是很好的精读方法。

第三，帮助孩子领会作品的思想主旨，探析作品的艺术特点。家长可以引导孩子通过对作品中重点字词的分析进而走进作者的情感世界。家长可以帮助孩子制作表格，在表格中列出"感兴趣的字词句""人物描写""语言""对白""感情表达""心理描述"等关键词，让孩子在精读的时候关注书中的这些内容，并把这些内容和作者的经历、写作动机、写作背景、写作手法、写作效果等联系起来。这样家长们可以帮助孩子与作者对话，透过字里行间理解作者的表达，明白作者的创作意图。这一点对于年龄较小的孩子有一些难度，家长可以事先查找资料，和孩子共同完成精读过程。

48. 阅读过程中的初读、重读和细读分别指的是什么？

初读，即快速浏览作品的整体内容和情节。初读时应把重点放在把握作品的内容上，在初读之后，能说出这是一本什么书，书中主要写了什么。

重读，是指在初读基础上的阅读，但不是简单地从头到尾再读一遍，而是有重点地阅读。比如，读《骆驼祥子》时，初读后，可能只记住了祥子为买车所经历的"三起三落"的故事情节。重读时，要关注小说的环境描写和人物的心理描写，如第十八章中有一处环境描写："街上的柳树像病了似的，叶子挂着层灰土在枝上打着卷；枝条一动也懒得动，无精打采地低垂着。马路上一个水点也没有，干巴巴地发着些白光。便道上尘土飞起多高，与天上的灰气联接起来，结成一片毒恶的灰沙阵，烫着行人的脸。处处干燥，处处烫手，处处憋闷，整个老城像烧透了的砖窑，使人喘不出气。"这一段描写有助于学生直观感受祥子及周围人在烈日下的苦苦煎熬，值得反复阅读。除此之外，学生还可以关注小说中对于老北京民俗、市井风貌等的描写。重读可以促使学生加深对作品内容的了解。学生在阅读中思考,在思考中阅读,不断受到启发,并在启发中获得新的见解。

  细读,是指在阅读过程中把自己认为精彩的章节从头至尾仔细地阅读。细读的重点在于细致,抓住微小之处细细品读,获得深入而个性化的理解。细读时,需要做好笔记、批注,把自己的感受、对文章的理解和鉴赏写下来,对疑惑处加以分析、推敲,直至领会。还是用《骆驼祥子》的第十八章举例:"连祥子都有些胆怯了。拉着空车走了几步,他觉出由脸到脚都被热气围着,连手背上都流了汗。可是,见了座儿他还想拉,以为跑起来也许倒能有点风。他拉上了个买卖,把车拉起来,他才晓得天气的厉害已经到了不允许任何人工作的程度。一跑,便喘不上气来,而且嘴唇发焦,明明心里不渴,也见水就想喝。不跑呢,那毒花花的太阳把手和脊背都要晒裂。好歹的到了地方,他的裤褂全裹在了身上。拿起芭蕉扇扇扇,没用,风是热的。他已经不知喝了几气凉水,可是又跑到茶馆去。"这一语段详细地描写了祥子面对炎热的天气无力且难受,可又不甘心歇着、想多拉点活儿的矛盾心理,这个语段中的两个转折连词"可是"表现出祥子的矛盾心理,学生可以把这些连词画出来,并在文字旁边做些批注。

49. 如何帮助小学中段的孩子学会做批注?

批注,指阅读时在文中空白处对文章进行批评和注解,作用是帮助自己掌握书中的内容。家长在帮助小学中段的孩子做批注之前,应先用浅显易懂的方式告诉孩子批注是什么,让孩子对批注有一个感性的认识;具体操作时,家长可以让孩子查一查,圈一圈,写一写。

查一查,就是对于不认识的字或不懂的词语,及时查字典,注上拼音和释义。比如,看到"闪烁"一词,孩子不认识"烁",就可以通过查字典把"烁"的注音和释义写在这个字的旁边。

圈一圈,就是圈出自己认为写得精彩的语段,在旁边写上自己认为精彩的理由。比如,《水浒传》中有武松打虎的精彩片段:"说时迟,那时快;武松见大虫扑来,只一闪,闪在大虫背后。那大虫背后看人最难,便把前爪搭在地下,把腰胯一掀,掀将起来。武松只一躲,躲在一边。大虫见掀他不着,吼一声,却似半天里起个霹雳,振得那山冈也动;把这铁棒也似虎尾倒竖起来,只一剪,武松却又闪在一边。原来那大虫拿人,只是一扑,一掀,一剪,三般提不着时,气性先自没了一半。那大虫又剪不着，再吼了一声，一兜兜将回来。武松见那大虫复翻身回来，双手轮起梢棒，尽平生气力，只一棒，从半空劈将下来。只听得一声响，簌簌地将那树连枝带叶劈脸打将下来。定睛看时，一棒劈不着大虫，原来慌了，正打在枯树上，把那条梢棒折做两截，只拿得一半在手里。那大虫咆哮，性发起来，翻身又只一扑，扑将来。武松又只一跳，却退了十步远。那大虫恰好把两只前爪搭在武松面前。武松将半截棒丢在一边，两只手就势把大虫顶花皮胳嗒地揪住，一按按将下来。那只大虫急要挣扎，早没了气力，被武松尽力气纳定，那里肯放半点儿松宽。"这一段文字对武松打虎的动作描写非常准确。孩子可以把动词"闪""轮起""劈将""一跳""退""丢""揪住""按将"等圈画出来。

  写一写，就是在那些能够引发思考的段落、语句的旁边写下感受、疑问、观点等。如阅读《水浒传》中武松打虎的情节时，在圈画动词的基础上，在相应的文字旁边写下自己的阅读感受，如"这些动词将武松打虎时的身手表现出来，武松动作连贯且敏捷，体现了武松的武艺高强"。

  需要注意的是，孩子刚开始做批注时，家长不应要求过高，孩子批注的字数不宜过多，内容宜精简，但语句要通顺，意思要完整。

50. 是否可以借助影视作品辅助阅读名著？

作为一种大众传播媒介，影视作品不仅文化信息丰富，而且声图并茂，视听兼顾，具有极强的艺术感染力。名著或因语言艰涩，或因思想精深，或因不同时空和文化的隔阂，给孩子的阅读造成很大的障碍，影响孩子阅读的积极性。而孩子往往对名著改编的影视作品有非常强烈的兴趣，这样一来，借助影视作品辅助阅读名著就不失为一种很好的方式。

比如，孩子在初读《三国演义》时，家长借助播放曹操杀董卓、哭典韦、煮酒论英雄、厚待关羽等影视片断，使孩子对曹操的形象有较为全面的感知，对曹操丰富而多样的人格特点产生浓厚的兴趣，从而产生继续阅读《三国演义》的欲望，在阅读时孩子也会更加关注曹操这个人物。影视作品还能够帮助孩子更好地把握名著中的人物形象。孩子在边看边读的过程中，会自觉地将影视作品和名著中的人物形象进行比较。比如，孩子看到《三国演义》第三十七、三十八回时，也看到电视剧《三国演义》"三顾茅庐"部分，两相比较，孩子会发现名著中的文字描述比影视作品更加精彩，因为从名著的文字叙述中孩子更能感受到刘备求贤若渴的心情。

当然，不是所有的影视作品都会对孩子阅读名著起到辅助作用。有的时候，孩子看了影视作品会不愿意再去读原著，毕竟看影视作品要轻松愉悦得多。因此，需要家长合理安排孩子观看影视作品与阅读名著的时间。不能用看影视作品代替阅读名著。戏说类、外传类、搞笑类的影视作品，最好不要给孩子看，这些影视作品不仅不能辅助孩子阅读名著，反而会使孩子误读原著。家长一定要给孩子选择最接近原著的影视作品，使孩子能够通过观看影视作品较好地了解原著的精神实质。

51. 孩子应该怎样写读书笔记？

古人说："积学以储宝。"知识的宝藏是在学习中不断积累和储备起来的。"储宝"有内、外之分，记在脑子里的是内储，记在笔记本上的是外储。从"好记性不如烂笔头"的古语到"摘抄不等于读书笔记"的学习经验，都可见写读书笔记的重要。那孩子应该怎样写读书笔记呢？

小学阶段的读书笔记以摘抄为主，兼写一些简要的感受。三、四年级的孩子可以列出作品的提纲，五、六年级的孩子可以试着用自己的语言简明扼要地写出作品内容，还可以试着写下对作品中人物的评价。

初中阶段各年级的读书笔记有所不同。初一年级以摘抄加感悟为主。与小学阶段的摘抄笔记相比，初一年级摘抄时应更注重对作品内容的梳理，如民俗谚语、格言警句、名人名言，精彩的描写、动人的抒情、精辟的议论，精美的开头、过渡、结尾，寓言故事、典故，等。初二年级以提要式笔记为主，孩子写的每一篇读书笔记都应有对作品内容的分析、对人物形象的感受、对人物语言的品味等。初三年级以读书心得体会为主，对作品中的人物、事件加以评论，分析作品的思想内涵和艺术价值，还可以联系自己的生活实践和阅读经历提出自己的看法，做出自己的判断，并以比较完整的文章形式呈现出来。

高中阶段的读书笔记要求更高，需要孩子依据作品内容做出自己的思考，形成个人独特的观点。如对书中的某些论点或不满意的地方加以分析、评论，有针对性地发表意见；可以对作品的疑难点加以注释，并进行分析与阐释；在阅读了几本论述同一主题的作品后，比较它们的异同，形成自己的看法。

开始写读书笔记时，孩子总是雄心勃勃、兴趣盎然，但在具体的写作过程中，必然会遇到各种困难和挫折。家长需要及时检查并给予中肯的评价，不断鼓励孩子读写结合，注重语言积累和运用。只要孩子持之以恒地写读书笔记，不知不觉中便会越写越好。人的大脑犹如知识的存储器，善于写读书笔记的人所获得的知识能有条理地储存起来，日积月累，头脑里就有了随时可以支取的知识财富。而且随着知识的增长，孩子的智力也在发展，他们分析事理、撰写文章的能力也会在无形中增强。

52. 怎样引导孩子交流讨论阅读内容？

家长要想引导孩子交流讨论阅读内容，前提是与孩子共读一本书。大家有共同探讨的内容，才可能形成交流讨论的氛围。家长和孩子共同读完一本书之后，可以按照以下几个步骤来引导孩子交流讨论阅读的内容。

第一，家长可以与孩子共同回味和讨论作品中的内容，让孩子说出自己最感兴趣的故事情节，引导孩子思考其中蕴含的思想和表达的情感。作品的内容，是家长与孩子交流讨论的基础内容。比如，家长在和孩子讨论《鲁滨逊漂流记》时，可以问孩子："鲁滨逊在荒岛上都遇到了哪些困难？"孩子便会回顾书中的有关情节。接着，家长可以问孩子："鲁滨逊为什么能克服这么多困难啊？他是不是有什么秘密武器？"这些问题旨在引导孩子关注鲁滨逊的优秀品质。家长还可以借此和孩子一起讨论鲁滨逊是如何凭借坚韧不拔的毅力，终于回到了阔别二十八年的祖国。

第二，家长可以引导孩子感受作品所塑造的人物形象，让他们谈谈自己最喜欢、最憎恶、最同情、最爱戴的人物，并阐述具体的理由。如果作品中人物众多，家长可以引导孩子对这些人物进行对比研究，思考每个人物的特点，然后在整本书的背景下，有联系地分析人物特点，从而更好地把握作品主题。比如，在《四世同堂》这本书中，老舍塑造了众多人物，祁老太爷、祁瑞宣、冠晓荷、大赤包、钱先生……帮助孩子理清这些人物的关系，并给他们分分类，比较同类人中又有什么不同。这样一来，孩子自然就会关注作品中情节和主题之间、人物和主题之间的关系。

第三，家长可以引导孩子将作品的内容与现实生活联系起来，让孩子发表自己的看法。孩子能够就作品内容表达自己的理解与思考，这是阅读的关键，也是培养和提高孩子适应未来生活能力的关键。

总之，家长在引导孩子交流讨论作品内容时，要耐心地指导、引领和点拨。不要直接否定，以免打击孩子阅读的积极性，使孩子丧失阅读兴趣。家长也不要进行填鸭式灌输，尽量让孩子自己找到解决问题的答案，从而体会到收获的快乐。

53. 思维导图对孩子读书有什么帮助？

思维导图是一种非常有效的工具，它运用图文并重的方法，把各级主题的关系相互隶属与相关的层级图表现出来，把主题关键词与图像、颜色等建立记忆链接。作为一种阅读学习工具，思维导图有很多优点，可以促进读书过程中的框架构建、内容理解、重点研读等活动的效果。思维导图可以帮助孩子检测阅读整本书的成效，提升他们的阅读质量。

孩子要在看完整本书的基础上绘制思维导图。思维导图可以将故事逻辑可视化，通过思维导图可以呈现一个故事的精要，用关键词概括出主要情节，剔除不必要的细枝末节，为孩子节省大量的时间和精力。孩子在读书之后绘制思维导图，可以在短时间内大致把握整本书的内容，把自己阅读理解表现出来，甚至会形成对作品内容创造性的理解。

按照思维导图的画法分，有八种类型，分别是圆圈图、气泡图、双重气泡图、树状图、流程图、多重流程图、括号图、桥状图。

圆圈图，可以用来对主题进行联想或描述与主题相关的细节，有效地体现出孩子对主题的理解。先画两个大小套连的圆圈，在里面的小圈写上整本书的主题，在外面的大圈里写上和这个主题有关的特征，或作品的细节内容。以《红岩》为例，先找到一个主题，比如"爱国"，写在小圈里，然后可以把书中的爱国人物列举在大圈里。

气泡图，可以用来描述事物的性质和特征，分析书中的人物，还可以用来梳理书中的语言。以《昆虫记》中关于节腹泥蜂的描述为例，首先以"节腹泥蜂"这几个字为中心画一个大圆，然后在这个圆的周围画几个小圆，把节腹泥蜂的特征——写在这些小圆里，用直线把大圆和小圆连起来。

双重气泡图，里有两个气泡图，其妙处是可以帮孩子将两个事物做比较和对照，找到它们的异同。这类图可以用来对比同一主题的两本书，还可以用来对比两个人物形象。

树状图，主要用于分组或分类。孩子可以用这种图来整理、归纳知识，如用树状图梳理《四世同堂》中祁家、钱家、冠家的人物关系，在此基础上进一步把握故事情节。

流程图，适合情节性强的故事书。孩子可以用流程图梳理故事发展的脉络。孩子在画这种图时可以加深对主要情节的印象，有利于复述故事内容。

多重流程图，也叫因果关系图，在纸页当中画个方块，在方块里写上事件的名称；左边画若干个方块，里面写上导致事件产生的多种原因；右边画若干个方块，里面写上事件导致的多个结果，用线段把这些方块连起来。孩子可以用这类图分析事件产生的原因和结果。

括号图，可以用来处理整体和局部的关系。比如，用括号图整理《海底两万里》中鹦鹉螺号的内部构造。

桥状图，可以用来呈现阅读类比。比如，孩子可以用桥状图对《水浒传》中的鲁智深和林冲这两个人物进行对比分析，呈现他们之间的联系点，在两个人物的下面列出各自的性格特点，从而发现其异同。

54. 怎样陪伴孩子阅读经典作品？

家长陪伴孩子阅读经典作品，要以激发孩子的阅读兴趣、帮助孩子养成阅读习惯为目标，要根据孩子的年龄特点和认知特点，选择不同的方法。

孩子处于幼儿阶段和小学低段时，家长在陪伴阅读的时候一定要抛弃功利目的，尤其不要把早期阅读看作小学学习的提前开始，不要把图画书当作教科书。对于这个年龄段的孩子来说，图书阅读不仅对他们大脑的发展、认知和语言的发展有很大的促进作用，还对他们的想象力和创造力的培养、阅读品位和审美品位的形成、心灵和精神的成长有很大帮助。家长在陪伴孩子阅读时，可以关注以下三个方面：用讲故事、续编故事等方式培养孩子的语言表达能力；用改写结局、改编情节、在扉页处写前言、给书中人物或作者写信等方式培养孩子的书面表达能力；用给图书内容绘制插图等方式培养孩子的艺术修养。对于孩子特别喜爱的图书，在孩子反复阅读的基础上，家长可以与孩子一起进行角色扮演。这种方式的好处是，孩子能够融入图书创设的情境当中，学习体验不同角色的情感，有助于培养孩子换位思考的意识。将图书阅读与捉迷藏等活动结合起来也是不错的方式,可以帮助孩子更好地理解图书的主旨,调动学习热情,维持对阅读的持久兴趣。

小学中、高段和初中阶段的孩子,需要家长更具指导性的陪伴,以帮助他们理解更为深刻和复杂的经典作品。家长可以从名著中寻找一些话题与孩子交流。比如,在孩子阅读《三国演义》之后,家长可以引导孩子说说自己喜欢的人物、情节以及喜欢的原因,由此展开与孩子的探讨。如果家长能发掘出名著与现实生活紧密相连的话题与孩子一起探讨的话,孩子就会更加关注现实生活,关注名著与现实生活的相通之处。

对于高中阶段的孩子,家长可以通过高质量的陪伴帮助他们提升理性思维和批判性思维的能力。家长可以根据孩子阅读的实际情况,为他们提供一些拓展学习的资料,或是名著改编的电视剧,或是《百家讲坛》《老梁故事汇》的相关视频等,让孩子在多种观点的对比中提升自己对作品的理性思考。名著是需要高中生重读的,家长应该引导孩子重读作品后进行思考,鼓励孩子阐述自己的观点和看法。当然,家长还应指导孩子在阅读过程中进行积累与梳理,在孩子掌握阅读规律的基础上,鼓励他们独立思考并撰写读书笔记。

对于不太喜欢阅读名著的孩子,家长可以采用一些孩子能接受的方法,如从电影、动画开始,或是从名著中最精彩的片段开始,旨在调动孩子阅读名著的兴趣。

55. 怎样通过主题阅读提升孩子的阅读素养？

在主题阅读中，孩子确定感兴趣的主题，并围绕该主题选取适合的读物进行广泛阅读，同时积极参与读者社群互动交流活动。那么如何通过主题阅读提升孩子的阅读素养呢？我们以中国红色经典主题阅读为例，说明如下：

第一，确定书目。孩子首先要了解哪些作品属于中国红色经典这个主题，然后选择合适的作品开展主题阅读。孩子要保证足够的阅读量，为提升自己的阅读能力做好基本的准备。

第二，按红色经典故事发生的时间顺序进行阅读。按时间顺序阅读，有助于孩子了解中国革命事业发展的历程以及每个时期的红色经典故事和人物。需要注意的是，孩子在阅读中要逐步提高阅读速度，促使阅读水平达到一定的高度。

第三，将作品进行对比研究。孩子在对比研究中要有思考地阅读。围绕着主题，孩子可以把几部作品放在一起进行对比研究，加强对整本书的整体感知能力；可以将不同作品中的人物进行对比研究，提升对人物的分析能力；还可以将不同作者的写作风格放在一起对比研究，学习到更多的写作方法。主题阅读由于范围广、种类多，可以将孩子的已知与未知、课内与课外、文本与生活等充分融合。

第四，总结归纳。孩子可以用思维导图的方式将阅读和对比研究之后的感悟、结论进行整理，在总结归纳的过程中，孩子对经典作品的感受、理解、评价、鉴赏等多方面的能力均得到了提升。

56. 怎样帮助孩子在阅读时提出好问题？

第一，培养孩子的阅读兴趣。在家中，家长主动阅读，能有效地带动孩子读书。阅读兴趣往往是在阅读实践活动中慢慢产生的。孩子在读书时，家长要注意观察孩子对哪一类书或者书中的哪些情节感兴趣。兴趣是求知的先导，当孩子对某种事物发生兴趣时，他们就会自主地、积极地进行探索，并且可能提出好问题。

第二，给孩子提问的机会，培养孩子的问题意识。问题意识是指孩子在认知活动中产生的一种怀疑、困惑、焦虑、探究的心理状态。家长在孩子读书的过程中要潜移默化地渗透问题意识，鼓励孩子多问"是什么""为什么""怎么样"，这样孩子的思维才算真正启动。

第三，尊重孩子的提问。家长要鼓励孩子"打破砂锅问到底"，乐于听取孩子的不同意见，对孩子那些奇异的想法不进行挑剔和批评。不管孩子提出怎样的问题，家长都认真倾听，即便孩子的提问欠合理，也要先予以肯定，再因势利导，帮助孩子调整思路。这样，孩子今后才敢继续提问。

总之，没有绝对的好问题，只要孩子沉浸在阅读中并发自内心地思考与质疑，那么他提出的问题就是好问题。家长不必苛求孩子一下子就提出有深度的问题。提问题的能力是在阅读过程中逐步形成的，家长只要多鼓励、多肯定，孩子就会感受到边阅读、边思考、边提出问题的乐趣。

57. 怎样指导孩子结合作品内容表达自己的认识？

孩子在阅读作品时都会产生自己的思考与认识，有的孩子在阅读中或阅读后会主动与他人交流自己的认识，有的孩子却不会。这与孩子的性格、表达能力等有关。家长了解孩子，可以有针对性地帮助和指导孩子结合作品内容表达自己的认识。

家长指导孩子之前，自己要熟悉作品内容，这样就可以根据作品内容确定适宜的话题，引导孩子交流讨论。在交流讨论的过程中，家长应做好示范。比如，读了《鲁滨逊漂流记》，家长可以这样评价鲁滨逊："我读过这本书后，觉得鲁滨逊是一个坚强、在困境中努力求生的人。你看他在荒岛上用了几个月的时间挖了一个很大的山洞，有了自己的'房子'；岛上发生了可怕的地震，他迅速把自己的住所搬到平地上；他发现自己不小心抖落的几十颗种子开始发芽时，就开始认真种庄稼；他用心观察小岛，发现了很多的小动物，就开始抓鹦鹉、山羊等野禽，把它们驯为家畜；他得了疟疾，就用烟叶来治。到了第三年，他开始有了规律的生活。"然后，家长引导孩子找找作品中还有哪些情节能够证明鲁滨逊是个坚强、求生欲望强烈的人，或者引导孩子谈谈自己对鲁滨逊的认识，并用书中的具体内容来论证自己的观点。

家长可以列出相关情节，引导孩子发现这些情节之间的联系，提炼出关键词；还可以反过来操作，先提炼出作品中的关键词，让孩子说出和关键词有关的情节，谈谈关键词和情节之间的联系。

家长指导孩子表达认识的方法有很多，针对孩子的具体情况多鼓励，慢慢引导，坚持下去，孩子的表达能力必定会逐步提高。

第五部分　典型问题解决

　　家长提出的问题除了涉及阅读能力标准、书目选择、阅读基本规律和阅读方法指导这些方面，还有许多问题很难归类，但在现行的教育模式下又确实存在。有些不单纯是语文的问题，甚至不单纯是教育的问题，却会在语文教育中显现出来，在名著阅读中显现出来。这里说的"典型问题"，准确的表达应该是"常见问题"，家长可以"对号入座"，有选择地参考。

58. 怎样确保孩子的阅读时间?

第一,创设良好的阅读环境。孩子阅读习惯养成的最好场所是家庭。家长要在家中为孩子开辟一个固定、安静的阅读角,让孩子在良好的环境中有效且有质量地进行阅读活动。孩子在阅读时,很多家长会为孩子送水、送水果等,这些事情最好在阅读前完成,尽量保证孩子拥有一个完整的不被打扰的阅读时段。

第二,固定阅读时间。阅读这件事无论是对低年级的孩子还是高年级的孩子来说,都是细水长流。阅读最好安排在同一时间,没有特殊情况不随意改变。保持每天有一个固定的阅读时间,能使人养成投入阅读的习惯,还有助于大脑形成条件反射,进入一个正常、有规律的阅读状态。

第三,做好阅读时间规划。对于学龄前或者小学低段的孩子,家长要做好阅读时间规划,和孩子规定好每天的阅读时间和阅读时长。为了保证孩子能够执行好阅读时间规划,家长要与孩子共同阅读。考虑到孩子的作息习惯,阅读时间最好安排在睡前。对于小学高段的孩子来说,可以让孩子自己做出阅读时间规划。每天最好有晨读和睡前读,周末和假期阅读时间可以适当延长至2至3

小时。如果不能保证固定的阅读时间，孩子可以为自己设定一个阅读目标，只要达到既定目标也是可以的。除此之外，家长还可以督促孩子利用零散时间（如坐地铁、排队等候、旅游途中等）来阅读。

59. 如何培养孩子阅读的意志力？

第一，家长应指导和帮助孩子制订阅读的短期目标和长期目标，旨在引导孩子确立阅读方面努力的方向，促使孩子战胜自身的阅读惰性。家长要注意，制订阅读目标一定要切合孩子的阅读实际，能引导孩子循序渐进地阅读，最终达到提升阅读素养的目标。制订短期目标，可以结合学校的阅读任务进行；制订长期目标时，家长要引导孩子把阅读与个人成长结合起来。在短期或长期目标达成的过程中，家长始终要鼓励孩子坚持阅读，这是阅读意志力的一种表现。

第二，家长应帮助孩子依据阅读目标、阅读内容、阅读时间以及阅读评价等制订切实可行的计划。比如，设计阅读量化表格，记录每天的阅读情况；根据孩子的阅读能力和所阅读图书的特点，规定每天的阅读量。针对小学低段的孩子，家长可以与孩子共同商定相对合理的奖罚措施，在阅读目标达成的时候，彼此要兑现承诺。这样就为阅读制订了标准。家长引导孩子做到在阅读前制订计划，在阅读中落实标准，在阅读后进行思考、认识。这也是阅读意志力的一种表现。

第三，家长应帮助孩子解决阅读中的问题。当孩子在阅读中遇到困惑和不解时，家长及时帮助孩子找出原因和解决办法，鼓励孩子查阅资料、做圈点批注，跟孩子一起交流阅读感受，解决疑问。当孩子不能完成读书报告时，家长可以指导孩子在文章动情之处做批注，写上自己的感受，鼓励孩子大胆评论书中的人、事、物等。有条件的家庭，家长可以带孩子参加作家的见面会，提前就自己在阅读中遇到的困难准备好相关的文案，让孩子在作家的指导下解决困惑，对阅读产生更加浓厚的兴趣。通过阅读实践一步步地解决阅读中的问题，这也是阅读意志力的一种表现。

拥有意志力不是空洞的励志口号，而要通过阅读实践活动得到落实。当意志力与阅读相遇时，家长理应帮助孩子认识到克服惰性的重要性，让孩子始终怀有阅读的热情。

60. 什么时候培养孩子的阅读兴趣更合适?

在孩子的成长过程中,家长经常会遇到这样的问题:为什么别人家的孩子对阅读那么有兴趣,而我家的"熊孩子"却对阅读提不起兴趣呢?阅读兴趣是与生俱来的吗?我们的回答是,阅读兴趣是可以培养的。家长有责任抓住合适的时机去培养孩子的阅读兴趣。那么,什么时候培养孩子的阅读兴趣更合适呢?

家长可以抓住儿童阅读的敏感期来培养孩子的阅读兴趣。在某一特定时期,儿童会对某种知识十分敏感,学习起来很容易,错过这个时期,学习则比较困难,这个时期就是敏感期。著名意大利教育家蒙台梭利认为,儿童的发展阶段有以下几个敏感期:儿童语言发展的敏感期在2岁左右,书写敏感期在3.5～4.5岁,阅读敏感期在4.5～5.5岁。教育专家则一致认为2～6岁是培养孩子阅读兴趣的敏感期。不过,这一年龄段的儿童阅读存在很多困难。因为孩子的识字数有限,看不懂生字词较多的书,如果要求这个年龄段的孩子强记生字一定会扼杀他们的阅读兴趣。所以,家长应以培养孩子的阅读兴趣为主,选择适合他们阅读的图画书,陪伴他们,给他们讲讲图画书的内容。家长与孩子一起阅读时，可以鼓励孩子发挥想象力，对于他们不理解的内容，多与他们交流并且分享自己的感受。这样的阅读不仅能激发孩子的阅读兴趣，还有利于孩子阅读能力的发展。

2~6岁是培养孩子阅读兴趣的敏感期，如果错过这个敏感期，就不能培养孩子的阅读兴趣了吗？答案是否定的。在培养孩子阅读兴趣的过程中，家长除了要考虑阅读敏感期，还要考虑孩子的个体差异。孩子的成长是有差异的，有的孩子会在阅读敏感期之后才对读书产生兴趣。家长需要尊重孩子的个体差异，根据孩子的发展特征和个性特征培养孩子的阅读兴趣。男孩和女孩的性别特征决定了他们喜欢不同类型的书籍。男孩好动、活泼、喜欢冒险，他们往往喜欢阅读探险、侦探、科普、战争类的书籍。女孩则刚好相反，她们安静、敏感、多情，故事性强的书更能吸引她们的目光。家长要关注孩子阅读的兴趣点，尊重孩子的阅读兴趣，不应强加干涉，引导孩子从喜爱阅读某一类图书开始，由此及彼，帮孩子渐渐爱上读书这件事。

培养孩子的阅读兴趣何时都不算晚。只要家长能够把握住孩子成长中的阅读敏感期，配合恰当的方法培养孩子的阅读兴趣，那么孩子的阅读就会变得更加轻松、愉快。

61. 怎样确保规定时间内孩子的读书效果？

大多数孩子每天要面对繁重的课业负担，读书时间非常有限。因此，确保孩子在规定时间内的读书效果就显得十分重要。什么是读书效果呢？大致包括以下几个方面：一是了解所读文本的大致内容，即文中写了什么？怎么写的？二是所读内容有哪些与自己所学相关？自己有哪些不懂的？三是所读内容带给自己哪些启示？自己有什么体会与心得？

家长怎样确保孩子达到以上的读书效果呢？不同的孩子由于天资、基础、学习能力及习惯不同，阅读的能力也不尽相同。家长应针对孩子的具体情况提出不同的要求，以保证阅读的效果。

对于学习能力强且记忆力较好的孩子而言，家长只需要起到督促、检查的作用就可以了，比如以聊天或提问的方式来检测和巩固孩子的阅读效果。以读小说为例，阅读能力较强的孩子读过一遍，就能把握小说的主要故事情节，并能识记一些令自己印象深刻的细节，家长可通过询问的方式了解孩子的读书情况。

对于阅读习惯尚未养成、专注力不强的孩子来说，他们的学习任务一旦紧张起来，阅读质量就很难保证了。针对此种情况，家长需帮助孩子制订详细的读书计划，规定相应的读书任务，以任务驱动的方式保证读书的效果。阅读之前列出任务清单，比如，进行不少于三处的阅读批注；用一句话概括读过的内容；列出作品中令自己感动的地方，写出理由；用读书笔记的形式写下自己的思考或联想。家长的这些干预为这类孩子的阅读效果提供了一定的保障。如果家长时间充裕，还可以与孩子进行亲子共读，以便更好地调动孩子的阅读兴趣，强化、深化孩子的阅读效果。试想一下，每天饭后，家长和孩子就同一本书，以聊天的方式平等地交流各自的读书心得，家中书香四溢，其乐融融，那种情感互相碰撞和共鸣的场面，多么令人陶醉。

总之，不管哪种类型的孩子，家长都要适时给予鼓励，以增强他们的自信心，让他们意识到自己是时间的主人、阅读的主人，从而保证定时、定量地完成阅读任务，获得一定的成就感，这对达成良好的读书效果，会起到事半功倍的作用。

62. 怎样帮助孩子拓展阅读视野？

尽管语文教育改革正在逐步往前推进，但是应试教育的大环境还未得到根本性的改变。学生的阅读时间有限，阅读视野自然也有限。一个孩子的成长需要开阔的阅读视野，那么作为家长，怎样帮助孩子拓展阅读视野呢？

第一，从书本中、从生活中拓展阅读视野。家长可以购置一些中外名著，订阅一些阅读类期刊；还可以引导孩子一起关注时事，了解人生百态，就生活话题展开交流讨论，形成思想的碰撞和共鸣。这对孩子阅读视野的拓宽无疑大有裨益。

第二，从实践活动中拓展阅读视野。家长应鼓励孩子参加学校组织的各种实践活动。一般学校每学期都会开展一些学科活动，孩子可以根据自己的兴趣爱好参与其中。孩子在活动过程中所产生的学习体验，有助于自己阅读视野的拓展。目前，很多学校还开设了阅历课程、游学课程等，家长也要鼓励孩子参加，让孩子去各地考察、学习，拓宽视野，丰富人生经历。

第三，从社会公共机构中拓展阅读视野。博物馆、海洋馆、美术馆、科技馆等社会公共机构陈列了很多自然和人类文化的遗产，具有很高的科学价值、历史价值和艺术价值。对孩子来说，那里不仅是娱乐、休息的场所，更是阅读、学习的领地。

总之，家长要引导孩子建立生活与学科的联系，打破课堂内外和学科之间的壁垒，建立家庭、学校和社会的密切联系，帮助孩子养成在生活中时时学习并运用所学的习惯，随时汲取养料，从而不断拓展自己的阅读视野。

63. 怎样帮助孩子规划好阅读时间，从而坚持读完一部经典？

读完一本书的时间，因人而异。家长要想帮助孩子合理地规划阅读一部经典的时间，首先得知道自家孩子的阅读速度。研究显示，初中生的阅读速度应该每分钟不少于300字，而高中生的阅读速度则在每分钟400字左右，但是具体到每个孩子，由于年龄段、学段不同，知识储备、理解能力、生活阅历也不同，孩子的阅读速度也是不同的。那如何估计自家孩子的阅读速度呢？最简单的办法是拿一部经典作品，测算一下10分钟内孩子读了几页或者多少字。但是经典作品有难易之分，家长要考虑到，孩子的阅读速度也会因此出现差异，这是很正常的。

掌握了孩子的阅读速度，家长就可以帮助孩子合理地规划阅读时间了。规划阅读时间的方式有两种：一种是每天的读书量是固定的，另一种是每天的读书量是递增的。

第一种方式，以《平凡的世界》为例，此书总字数高达100万字左右，假如一个高中生的阅读速度在每分钟400字左右，每天可用40分钟的时间来读书，那么他阅读完这本书的时间在62

天左右。也就是说,这个学生读完《平凡的世界》大概需要两个月的时间,而每天的阅读量必须保证在16000字左右。

第二种方式,喜欢挑战的孩子不妨试一试。孩子在完成了一天的阅读任务之后,往往有一种成就感,会对明天的阅读更有信心。因此,第二天的阅读任务量可以增加一些,以孩子能够接受的程度为限。这种方式还有一个好处,就是开始阅读的时候,可以把读书量定得低一些,这样就能做到小步起、稳发展、大步走。当然,选择哪种方式来规划阅读时间,需要征求并尊重孩子的意见。

美国教育心理学家布鲁纳说过:"内在动机能起到长效作用。学习的好奇心、胜任感、互助欲是学习的三种基本内在动机。"为了帮助孩子更加顺利地完成读书任务,家长可以设置一些问题来激发孩子的阅读兴趣;也可以在某个时间节点适当地给予孩子物质或精神上的奖励,鼓励孩子继续往下读;当孩子在阅读过程中遇到困难时,家长要及时予以指导和帮助。

64．用朗读的方式阅读名著是否可行？

阅读名著的方式，最常见的有朗读和默读两种。多数人习惯默读，但是在孩子成长的特殊阶段，朗读名著，也是一种可行的阅读方式。

具体来讲，对年龄偏小的孩子来说，朗读是一种不错的阅读方式。明末清初教育家陆世仪曾说："凡人有记性，有悟性。自十五以前，物欲未染，知识未开，则多记性，少悟性。自十五以后，知识既开，物欲渐染，则多悟性，少记性。故人凡有所当读书，皆当自十五以前使之熟读成诵，若年稍长，不惟不肯诵读，必不能诵读矣。"按照陆世仪的说法，十五岁之前的孩子记性好，对一些名著，适合用熟读成诵的方式阅读。这样等到长大之后再"反刍"——回想、细思、品味，就会有所得。

用朗读的方式阅读名著有哪些好处呢？

第一，朗读有利于完善孩子的性格，促进孩子智力的开发。性格闭塞的孩子往往说话声音小，并且不善交际。大声朗读可以让孩子长胆量，变得更加自信。

第二，朗读可以充分活动孩子的头脑，使他们的思维更加活跃、更加具有灵活性。朗读时，孩子用声音表现作品内容，他们既要把握作品内容，又要处理好声音的轻重缓急，这让他们的头脑充分活动。

第三，朗读有利于提高孩子的注意力。大声朗读时，孩子需要高度集中注意力，这时大脑会排除一切干扰，将所有的关注重点和思维重点都放在所读的内容上，因此提高了注意力。

第四，朗读还有助于提高孩子的理解能力。朗读时，孩子的脑神经处于兴奋、紧张的状态，大脑会不断整合、完善阅读内容。朗读的过程也是大脑思考的过程，在这个过程中，孩子的思维得到了训练，理解能力也得到了提高。

阅读的目的是为了理解。孩子读书的时候采用哪种方式更有助于他们把握语言和文字，更有助于他们理解内容，哪种方式就是最适合的阅读方式。

65. 用物质激励孩子读书是否可行？

物质激励对孩子的学习到底能不能起到促进作用？这一直是备受争议的话题。

认知心理学认为，奖励能够增强注意、记忆、创造性、言语和思维等认知过程。现实生活中，我们发现，一定的奖励确实可以使一些不喜欢学习的孩子慢慢喜欢上学习。但是，这样的激励作用能否持久、稳定？如果不再给予物质激励，孩子是否还能自觉地学习呢？大量心理学研究显示，奖励常常损害孩子的内在学习动机，渐渐地使孩子丧失学习兴趣，即奖励会对孩子的内在学习动机产生侵蚀效应。

比如，家长要求小学低段的孩子只有完成了某项阅读任务才能吃棒棒糖。刚开始棒棒糖或许能够调动孩子的积极性，诱发孩子继续看书的兴趣，甚至促使他们顺利地完成阅读任务。但是，如果孩子认为自己阅读就是为了获得棒棒糖，一旦家长不再提供棒棒糖或者棒棒糖不再对他们有吸引力的时候，那么孩子就不会继续阅读了。

所以，物质奖励的方式可以使用，但要适当，并尽量发挥物质奖励的积极作用,否则这种方式只会导致孩子变得更加功利,时间一长,必然对孩子造成伤害。家长应该更多地思考如何把阅读内化为孩子的一种自觉行为,尽量激发孩子内在的求知欲,调动他们真正的阅读兴趣,从而享受阅读的快乐,体验阅读的美感和愉悦感。这样,才能把孩子培养成为一个真正爱读书的人。

66. 怎样帮助孩子从娱乐式阅读走向学习式阅读？

家长常常会担心孩子只读一些娱乐性、消遣性的文字，而忽视了那些实用的、严肃的、有营养、赋予人力量的文字；担心孩子把一些严肃的作品当作消遣，用娱乐化的方式随意阅读。那么，如何转换孩子这样的阅读倾向，帮助他们从娱乐式阅读走向学习式阅读呢？

第一，构建学习型的家庭氛围，注重家长的率先垂范作用。家庭环境对孩子有潜移默化的影响，良好的家庭阅读环境有利于学生养成爱读书、读好书的习惯。如果家长自己都不喜欢读一些专业性很强的书，不愿意"啃"一些大部头的对工作有益的书，又怎样去要求自己的孩子呢？而当父母放下手机、关上电视，打开经典作品阅读时，孩子就会感受到家庭美好的阅读氛围，并乐于主动阅读。因此，家长积极阅读的态度以及良好的家庭阅读氛围是引导孩子走向学习式阅读的关键。

第二，常带孩子去图书馆、书店、读书俱乐部等学习式阅读的场所。这里不仅读书氛围好，而且常有高人在此讲学。孩子可以听他们的讲座，尝试与他们进行对话，从而获得有益的启示，提升自己的思想境界。在这样智慧的殿堂里，孩子自然而然会受到影响，阅读品位也会在潜移默化中得到提升。

第三，定期开展家庭读书活动，让家庭成员都参与进来。比如，进行好书推荐活动。家庭成员相互推荐自己最喜欢的一本书，孩子可以作为推荐人，也可以作为评委。作为推荐人，要说明自己推荐的缘由；而作为评委，要为推荐的书进行评定，当然事先要制订相应的标准。再比如，开展家庭成员共读一本书的活动。大家阅读后，要写出读书心得，在家庭内部分享，评选出写得最好的家庭成员。如果写得最好的是孩子本人，就可以提升他的成就感；如果写得最好的是其他家人，往往能激起孩子心中"不服输"的情绪，激励他继续努力。

第四，帮助孩子设计他的个人成长书单。孩子可根据这张书单自由挑选图书，也可根据个人兴趣选择书单以外的读物，但需要充分的理由来说服家长。家长要尽力营造宽松、愉快、没有压力的气氛，使孩子最大限度地读他喜欢读的书，从而感受阅读的乐趣，循序渐进地提升自己的阅读品位。看着书单上的书越来越多，孩子越来越有成就感，也越来越愿意读书。做一个书单，所花时间不多，但对于记录、衡量孩子的进步以及建立孩子的自信心和成功感，都能起到一定的积极作用。

67. 用听读的方式完成名著阅读是否可行？

科技的迅猛发展给阅读带来了许多便利，现在手机上的许多APP都有一种功能——听名著。听名著一定程度上满足了部分人的需求，坐地铁、走路、排队等候等零碎时间都可以利用起来。但是，听名著并不能代替真正的名著阅读。

第一，选择听而不是读的原因就在于听名著更便捷、省力，这就决定了孩子听名著只是为了快速获取书的内容。孩子听到的内容转瞬即逝，缺少将内容转化为理解、感悟的过程。因此，听完一本书，孩子得到的多是这本书讲了什么，并不能形成深层次的思考。

第二，家长鼓励孩子读名著，一定是希望孩子通过读名著受到教育和启发，得到一些经验和教训，而不只是知道一本书讲了些什么。读名著会给孩子带去不同的情感体验：读到激动处，孩子可能会开怀大笑；读到伤感处，孩子可能会潸然泪下。这些感觉只有在慢慢品读的过程中才会获得，仅仅依靠"听"是很难达到这种阅读效果的。

总之，名著的故事、语言、人物、场景等是需要慢慢品味、细细感悟的，听读的方式往往达不到阅读的效果。

68. 小学低段的孩子识字量少，怎样培养他们的阅读能力？

每一位家长都有一颗望子成龙的心，都希望孩子赢在起跑线上，所以从孩子升入一年级开始，就着手培养孩子的阅读能力，希望自己的孩子"读书破万卷"。可是，小学低段的孩子虽然已经学习了汉字，但是就阅读而言，识字量远远不够。面对这个阶段的孩子，家长应该怎样培养他们的阅读能力呢？

第一，要掌握好阅读的速度。小学低段的孩子识字量少，字记得也不牢固，而且大脑需要对汉字有一个理解的过程，所以家长不要强求孩子读得快，孩子的阅读速度慢一点不要紧。一年级的孩子每分钟大概读 48 个字。随着年龄的增长，孩子的阅读速度会逐渐加快，到二年级就基本达到每分钟读 90 个字。家长按照这个标准来培养孩子的阅读速度即可，不要对孩子提出太高的要求。

第二，对于小学低段的孩子来说，朗读更有助于培养他们的阅读能力。家长要鼓励孩子在阅读时发出声音，而且要尽量大声读，这有益于培养孩子的语感。在孩子能够大声读以后，家长再鼓励孩子带着感情读，这样能培养孩子的阅读自信。

第三，家长要运用多种方式陪伴孩子阅读。家长可以跟孩子一起分角色朗读，让孩子挑选他最喜欢的角色，鼓励他带着自己的理解去读。在阅读的过程中，可以有效培养孩子的理解力。家长可以根据书的内容提一些简单易答的问题，还可以鼓励孩子把书中的内容表演出来，因为表演就是展示孩子对内容的一种理解，这样的形式更能激发孩子的兴趣。

培养小学低段孩子的阅读能力需要一个过程，需要家长持久的关注和指导。

69. 怎样进行亲子共读效果更好？

在孩子成长的过程中，家长的陪伴起着重要的作用。对于家长来说，能够陪伴孩子成长，是一件非常幸福的事。现在越来越多的家长意识到阅读对孩子成长的重要作用，特别关注到亲子共读的重要性，并且积极参与其中。在亲子共读的过程中，如果家长能够掌握有效的方法并做好充足的准备，阅读就会达到事半功倍的效果。那么，家长和孩子怎样进行亲子共读效果更好呢？

第一，在和孩子一起阅读之前，家长需要制订一个读书计划。家长应根据孩子的水平以及作品内容，将书分成精读部分和泛读部分。对于书中可以激发孩子阅读兴趣，对孩子成长有教育和启发意义的内容，家长要带着孩子精读，并在这个过程中帮助孩子更好地理解书中的内容，与孩子交流阅读感受。

第二，可以把亲子阅读当作家庭生活的一部分。家长可以和孩子商定一个固定的阅读时间，如孩子完成所有功课后、饭后等某一段时间。

第三，选用不同的阅读方式和孩子共同阅读。家长可以跟孩子进行一场阅读比赛，看谁读得更快、更好；可以就作品内容提出问题，启发孩子思考，鼓励孩子去查阅相关资料，引导孩子表达自己的观点；还可以让孩子自己提出问题，家长如果觉得孩子有能力解决，就不要着急回答，让孩子充分思考，并鼓励他们自己找到答案，这样有利于培养孩子的独立思维能力。

第四，家长和孩子应积极参加学校以及其他组织举办的亲子共读活动。孩子参加这种活动，看到身边的同龄人与家长共读图书的情景，会更加珍惜平时与父母共读图书的美好时光，更清楚亲子共读的价值。

70. 家长想让孩子读的书，孩子不喜欢怎么办？

要想解决这个问题，家长要明确两点：一是孩子自己挑选的并且喜欢读的书，是不是适合他们读？二是家长想让孩子读的书，是不是适合孩子当下的年龄段读？

如果孩子喜欢读的书适合他们并且对他们有益，家长就不要干预，不要把自己想让孩子读的书硬塞给孩子。家长要尊重孩子的喜好，同时也要给予孩子更多的信任，太多的干预会引起孩子的厌烦心理。但是，如果孩子喜欢看的书并不适合他们读，比如现在流行的网络小说、游戏小说、漫画等，这就需要家长为孩子推荐适合他们的书了。

但是，推荐图书的前提是家长要清楚什么样的书适合自己的孩子读，要确保自己把关正确。如果孩子刚上小学，刚刚对读书产生了一些兴趣，家长就按照自己的意愿，理所当然地把自己认为孩子应该读的书，比如四大名著等经典作品强塞给孩子，那么就可能遏制了孩子的阅读兴趣。

家长在为孩子推荐图书时，要考虑孩子的身心发展特点。为不同年龄、不同性格的孩子选择不同类型的书,才能真正地帮助孩子,为孩子选择到合适的图书并且有效引导孩子爱上阅读。家长在买书之前要和孩子沟通,结合孩子的兴趣点,从而购买孩子真正喜欢的书。家长根据孩子的特点选择那些经得起时间考验的好书,有利于孩子初步建立经典作品的概念。

如果家长推荐给孩子的书,孩子不喜欢看怎么办?家长不必着急,因为孩子是独立的个体,他们有自己的想法,改变孩子的想法需要一定的时间。家长可以做好孩子的榜样,以自己养成的良好读书习惯,渐渐地影响孩子。家长还可以将名著中有意义、有意思的故事讲给孩子听,感染孩子,让孩子受到启迪,激起他们阅读名著的愿望。

总之,在孩子阅读的路上,家长要做的是引导孩子产生阅读兴趣,并且尊重、相信、耐心地帮助孩子。

71. 孩子爱看书，为什么看完就忘了？

家长一定有过这样的困惑：孩子爱看书，可是为什么看过的书总是记不住？而家长在产生这种困惑的同时，也一定有对孩子的否定评价，"孩子太笨了""孩子不是读书的料""孩子记性太差"等。真的是这样吗？

答案是否定的。读过的书会忘记，这是一个人记忆的自然规律。艾宾浩斯曾提出了人的遗忘规律：遗忘在学习之后立即开始，人在刚刚记忆完毕时，记忆量是100%；20分钟之后，记忆量是58.2%；1小时之后，记忆量是44.2%；8～9小时后，记忆量是35.8%；1天后，记忆量是33.7%；1个月后，记忆量是21.1%。

遗忘在学习之后立即开始，而且遗忘的进程并不是匀速的，开始的时候遗忘得很快，之后逐渐减慢。至此家长应该明白为什么孩子看过的书总是记不住了吧。所以，家长不要责怪孩子，这是一个人记忆的自然规律。但是，家长对此不能听之任之，而应该根据孩子的特点采用不同的方法来帮助孩子加深记忆。

对于好动、活泼、思维跳跃的孩子，家长可以鼓励他们在阅读的时候做批注，如在书中画出感兴趣的句子、有疑问的地方等。在这个过程中,好动的孩子会沉静下来,认真思考和品味书中的内容。

对于不善于思考的孩子,家长可以鼓励他们在阅读的时候,多问一些"为什么"。带着问题去读书,会促使孩子深入思考作品内容,也就不那么容易忘记了。

对于逻辑思维能力不强的孩子,家长可以鼓励他们在读完作品之后重新看一下目录,梳理一下内容。这也是增强阅读记忆的一种好方法。

72. 在旅行的路上,孩子适合读什么书?

有哪些书适合在旅行的路上阅读,让孩子的旅行不是"世界那么大,我想去看看"的浮光掠影,也不是"美食加拍照"到此一游的,而是实现"读万卷书,行万里路"的深度体验,使孩子感受到旅行的真正意义?下面推荐三类图书,供家长参考。

第一类:旅行意义类和实用旅游攻略类书籍。沈佳慧撰写的《旅行,是最好的教养》就是不错的选择。沈佳慧从 30 岁开始带着孩子旅游,不仅获得了丰富的亲子旅游知识,而且收获了丰厚的旅行感悟。旅游不是蜻蜓点水、走马观花,而是教育场景的延伸,可以弥补教科书和日常学习的不足。在旅行中,她与孩子认识了不同的生物物种,见识了大自然中物种的生存智慧,对尊重生命有了更深的感触;她们感受到世界之大,感知了不同国家历史文化的魅力;她们与来自不同地域的陌生人相处,学会了包容与尊重……韩国作家朴善娥撰写的《最好的教养在路上》也值得一读。作家在书中记叙了母女二人在 80 天的时间里游历英国、土耳其、希腊、埃及、德国时的所见所闻。一路走过,有欢乐和成长,也有忧伤和失落。点点滴滴,融于作家的笔端,仿佛好朋友坐在我们对面,娓娓道来,既有散文的隽永舒畅,也有童话般的温暖人心。

第二类:地理、历史、艺术、人文类书籍。如芝麻和绿豆写的《遇见格桑花,带着孩子去西藏》,告诉我们如何带孩子去高原旅行,带孩子去高原干什么;林达的《带一本书去巴黎》,讲述了作者对巴黎艺术、文化、历史、社会等的理解;阿城的《威尼斯日记》,描述了作者在威尼斯三个月的生活细节与感受;廖信忠在《我们台湾这些年》一书中,以一个台湾平民的视角,细述30多年来台湾发生的大事件和小故事,与读者分享了台湾老百姓最真实的日常生活和悲喜人生;陈丹青在《无知的游历》一书中,写了自己游历土耳其、俄罗斯、德国和匈牙利四国的感受;蒋勋的《吴哥之美》体现了作者丰厚的学养,让读者感受到吴哥古建筑群的别样之美。

第三类:旅行文学类书籍。比如,任乐乐撰写的《带着孩子,跟着唐诗去旅行》,让读者深切地感知唐代诗歌丰富的内涵和我国传统文化历久弥新的魅力。还有记录一个人走上漫漫异乡路,用脚丈量世界的《行走时代·陈丹燕旅行文学书系》,也会让孩子爱上旅行,爱上阅读。

读这些书的目的是让孩子意识到:真正的旅行,是在行走中历练,在行走中成长;是从"他乡做故乡"的视角来思考这个世界和自己的人生;是学会珍惜,懂得爱。

73. 如何帮助孩子摆脱为了考试而读书的心理？

当孩子面临较重的学习任务或较大的学习压力时，产生"为了考试而读书"的急功近利心理是可以理解的。但是，"为了考试而读书"终究不是阅读的本质。家长要引导孩子正确看待读书活动，树立正确的阅读观。

要帮助孩子摆脱这种不良心理，家长应努力做好以下几点：

第一，家长要端正自己的认识，抛开读书的功利之心，引导孩子沉浸在书中，享受阅读的过程和乐趣。只有家长端正了认识，才有可能给予孩子正确的影响。家长应该相信，名著阅读不仅能帮助孩子拓宽知识面、开阔眼界、发散思想、提高阅读理解能力，更能使孩子汲取名著里面的精神养分，从而树立正确的人生观和价值观，在潜移默化中接受经典作品积极情感和健康人格的陶冶。古人"读书破万卷，下笔如有神"的深切感悟，就充分说明名著里深藏着我们可以借鉴的文字瑰宝。名著阅读无疑对孩子的写作、考试乃至终身学习发挥着重要的作用。

第二，家长可以在家里创设固定的阅读区域，营造舒适温馨的读书环境，最好能固定每天的读书时间。孩子每天身处其中，自然会受到良好阅读氛围的熏陶，读书自然而然会成为孩子的一种习惯，不读书会感觉心有不安，就不会把考试与读书联系起来，逐步摆脱为了考试而读书的心理。

  第三，家长在培养起孩子的阅读习惯之后，要相机引导他们，逐渐转化他们阅读的兴趣点。常常听到一些家长唠叨："为什么我的孩子不爱看《安徒生童话》？"事实上这样的孩子，他们也有着强烈的阅读欲望，只是阅读兴趣偏离了家长设定的方向而已。对于这样的孩子，家长不能简单地予以否定或批评，要给他们阅读的自由，要努力观察并培养他们的阅读兴趣，巧妙引导他们走近经典作品。慢慢地，孩子就会爱上经典阅读。在孩子阅读的过程中，家长要及时给予认可、赞许等正向的评价，能够激发他们阅读的内驱力。苏霍姆林斯基认为："在每一个儿童的精神世界里都有一种根深蒂固的需要，就是获得成功的情感体验。"家长的赞许和表扬，会坚定孩子阅读的方向，孩子在阅读中发现和探索的愿望就会更加强烈。家长对孩子阅读的过程和结果给予认可、赞许，可以使孩子及时看到自己的进步，并在成功的愉悦中变"要我读"为"我要读"，变"苦读"为"乐读"。

74. 如何帮助孩子读"磨脑子"的书？

书分很多种，有的轻松晓畅，有的深沉晦涩。心情不同、目的不同时，大家会选择读不同的书。但真正值得孩子阅读的，往往是那些"磨脑子"的书。因为与一般的书籍比较起来，"磨脑子"的书信息量大，思想内涵深刻，往往是前人生活的缩影和思想的精华。这类书是陈年佳酿，需要沉心静气、细尝慢品，阅读时不能囫囵吞枣。那么，家长如何帮助孩子读这些"磨脑子"的书呢？

第一，家长要尝试梳理出作品所涉及的典故、名言、文化知识等，引导孩子走近"磨脑子"的书，让高大上的经典变得亲近起来。比如，《水浒传》中的人物绰号或武艺特长，都跟人物的身份、个性特征、本领及其经历的事件等有关。家长可以由此入手，梳理与人物的绰号相关的内容，组成有趣味的专题，与孩子一起探讨。

第二，由浅入深是一条减轻孩子阅读压力的学习之路。很多经典作品，内容非常好，但是孩子理解起来有困难。这时，家长不妨从解读类书籍或者白话译文类书籍入手引导孩子阅读。《山海经》是一部内容非常丰富的书,但是直接阅读原文对大多数孩子来说是很难的,可以选择阅读袁珂老师的《山海经全译》,其译文平实、精准、流畅,孩子参照译文再读原文就能够大致理解了。

第三,要鼓励孩子多提问。家长要告诉孩子,常读一览无余的书,会使原本聪慧的头脑退化。提出疑问,解决困惑,超越自我,是一个人具备较高能力和素养的表现。通过质疑解惑不断接近"磨脑子"的书的核心,这样的阅读方式收获更大,带给孩子的快乐非同一般。至于提出的问题,不必要求得出标准的答案,因为读书不是有统一答案的标准化考试。孩子通过阅读"磨脑子"的书,感受文字的魅力,促进思考能力的提升,这就是很好的阅读成长。

第四,要鼓励孩子多与他人交流。同学之间、朋友之间互相交流、切磋,可以帮助彼此加深对经典的理解,且能在相互碰撞中产生思想火花。每个人的经历不同,读经典的体会也不尽相同,互相交流阅读感受,有助于更加透彻地理解作品。除了小范围的交流,还可以参加读书会、研讨会等规模大一些的活动。在当今这个信息时代,孩子要学会充分利用网络资源。如"豆瓣读书",就是一个很好的网络阅读平台。

75. 如何帮助孩子提高阅读速度？

在当今信息爆炸、书籍如山的时代，阅读必须讲效率。而要想提高阅读效率，必须先提高阅读速度。那么，家长如何帮助孩子提高阅读速度呢？推荐下面几种阅读方法：

一目十行速读法。在阅读理论中，一目十行指的是快速阅读，是说读者根据自己的阅读目的，既要寻求文章的关键点，又要扫视全文，以免漏掉重要信息。读者的视线如同探照灯的光线一样，在书页上快速扫过，可谓一目十行。《红楼梦》里的林黛玉读《西厢记》时就是一目十行。家长指导孩子速读，先要培养孩子集中注意力寻求主要目标的能力，然后训练他们扫视文字的能力，指导他们既能够捕捉与主要目标有关的内容，又能够舍弃与主要目标无关的文字。孩子掌握了一目十行阅读法，慢慢养成习惯，阅读效率也就提高了。

提纲挈领速读法。每部作品中都有一个"核"，这个"核"就是中心思想。提取作品的"5W1H"，即 Who（人物），When（时间），What（什么事情），Where（哪里），Which（哪一个），How（怎么发生的）。几乎所有的作品，都会包含这六个要素，而这些往往也是作品中最重要的内容。就要想提高阅读速度，就要学会掌握这六个要素，从而梳理出作品的核心内容或主要脉络。

限时限量速读法。很多人都有过这样的经历：当借到一本自己期待已久的书，而且还期紧迫时，会以超常的速度阅读，甚至一鼓作气把书看完。因为身体感受器接收到时间紧迫的信号后，就会刺激大脑的视觉神经，被感知的字句传至大脑皮层枕叶的过程加快，反应出来的便是眼的移动速度加快。家长可以根据人体的这种反应，在孩子阅读前确定阅读量，限定孩子多长时间读完，经过长期的训练之后，孩子的速读技能会逐渐纯熟起来。

当然，随着孩子读的书越来越多，阅读速度自然会越来越快。所以，提高阅读速度与阅读量的积累密切相关，家长鼓励孩子多读书才是硬道理。

76. 如何指导孩子写好阅读笔记？

家长在孩子阅读的过程中，要根据孩子的年龄特点、认知特点指导他们依据作品的内容写好阅读笔记，即选择写什么和用什么方式写。

小学生能够用自己的话写出书中的主要内容即可，即便有不通顺的语句，家长也要给予肯定和鼓励，保护孩子的自信心。对于小学低段的孩子，家长可以这样引导："宝贝儿，你的阅读笔记写得不错，因为你能用自己的话概括出这本书的主要内容了，真是很了不起！不过有个句子不大通顺，如果改成这样是不是就更好了？"对于小学中、高段的孩子，家长可以引导其对作品的某些语句进行分析："这本书中有个句子特别好，妈妈读给你听，你想想这个句子好在哪儿，好吗？"家长也可以引导孩子谈谈自己喜欢的情节或者人物。阅读笔记不一定是一段文字，形式可以更加活泼：图文并茂式，把自己喜欢的情节画出来，配上文字；表格式，可以为人物设计一个表格，里面包含外貌、语言、性格、评价等内容；手抄报式，可以针对图书印象最深的内容，设计一个版面精美、书写端正、画面清晰的小报。如阅读《昆虫记》这本书，家长可以和孩子一起设计主题为"昆虫小百科"的手抄报式读书笔记，把书中的昆虫用图画和文字结合的形式表现出来，旁边可以写上孩子对这类昆虫的看法。

对于中学生，家长可以为他们提供多种撰写阅读笔记的形式，如批注式阅读笔记、摘录式阅读笔记（将好词好句摘录下来，写上摘自哪本书及页码，还要记下书的作者、出版社及出版日期等）、报告式阅读笔记。最后一种有一定难度，家长要引导孩子把自己读书的感想、体会及收获写出来。要把这些内容表达出来，孩子除了要认真地读懂原作，还要懂得如何表达，可以采用以下几种方法：

第一，从不同角度对人物进行描写。孩子读完内容，总会有印象深刻的人物。家长可以引导孩子根据自己的喜好给人物设计名片，可以对人物的外貌进行描述，也可以对人物的内心活动进行描述，还可以对人物的主要经历进行描述。能力强的孩子可以多方面进行叙述。

第二，与人物进行对话。家长可以鼓励孩子同书中的人物进行对话，如阅读《水浒传》，可以和书中的杨志、林冲等人对话。

第三，续写故事。我们读书时，常常会和故事中的人物一起笑、一起哭，总会结合自己的人生经验产生不同的体验或认识。孩子读书也一样，他们喜欢按自己的意愿发挥想象。家长可以引导孩子想象书中的人物在故事开始之前或故事结束之后都发生了什么，并把这些写下来。

第四，联系生活。在阅读中，家长可以引导孩子关注某些关键事件,并让孩子联想自己的生活实际,借用书中的语言描述自己的生活经历或感受。

　　总之,孩子刚开始写阅读笔记时,家长要精心、耐心地指导,当孩子掌握一定方法后,再慢慢放手让孩子独立完成。家长要及时与孩子交流,对于孩子阅读笔记中的精彩之处予以表扬,对于不足之处提出改进建议,鼓励孩子修改完善。家长对孩子修改之后的笔记要继续给予肯定和表扬,让孩子尝到努力后喜悦的滋味,从而保持浓厚的写作兴趣。

77. 如何引导孩子选择适合自己的经典来阅读？

家长引导孩子在众多经典中选出适合自己的经典，并且爱上阅读，可以从以下几方面入手：

第一，从适合孩子阅读的书籍类型入手。孩子不爱读经典，有可能是阅读的经典内容过于成人化，孩子难以理解，或者与孩子的实际生活距离较远，孩子没有兴趣。每个孩子都有自己独特的喜好，不同年龄的孩子都有适合他们阅读的经典，要顺应他们的心理需求，即使是最经典的书，也未必适合每一个孩子。如果一个孩子喜欢阅读杨红樱的"淘气包马小跳系列"图书，家长不要轻意判定这些书会助长孩子的淘气，而是要告诉孩子还有瑞典作家阿斯特丽德·林格伦创作的《淘气包埃米尔》，可以进行对比阅读。家长还可以介绍其他图书如郑渊洁童话，引起孩子的阅读愿望。这样，孩子的阅读视野一点点打开，孩子会选择爱读并且自己能读懂的经典作品，久而久之就会有选择地读书了。

第二，从孩子感兴趣的事情入手。如果孩子很喜欢看电视剧或者动画片，家长不妨针对电视剧的内容，有意无意地发出感慨：书里对这个人物的描写要精彩得多！然后再加以精彩的描述，吊起孩子阅读原著的胃口，孩子就会不知不觉地拿起原著。当孩子阅读原著，感受到原著内容和语言的精彩，他就会更喜欢读书，并在大量阅读中发现自己的阅读趣味，找到适合自己的那本书、那些书。

第三，多参加读书交流活动。家长可以提供图书馆或书店的各种读书活动的信息，让孩子自由选择参加；还可以引导孩子阅读一些禁得起推敲的书评，跟孩子聊聊书评都说了些什么，有哪些观点，这样孩子就会联系读过的书慢慢思考、体味。他会发现，走出一己的精神空间，交流的世界是如此宽广、美好。在这个过程中，他还能认识一群志同道合的朋友，不管是在现实中还是网络里。慢慢地，孩子就会发现自己喜欢的书籍类型，养成按照自己的喜好来阅读的习惯，成为自愿和快乐的读者。

当孩子的阅读视野逐渐打开后，家长要引导孩子学会挑选经典。比如，可以看作者生平，看内容简介和目录，看出版社，看译者，看印刷，看装帧，看出版时间，看重印次数，看书评……总之，家长的目标就是帮助孩子找到适合自己的经典著作，让孩子在没有压力的状态下快乐地读书。

78. 孩子读名著可以不求甚解吗?

陶渊明说"好读书,不求甚解",他追求的是读书会意,不死抠个别字句。诸葛亮读书则"独观其大略",撷取图书精华。孩子如何读名著?是囫囵吞枣,还是细细斟酌?我们认为不同类型的书籍不妨区别对待,以小说为例,说明如下:

古代白话类小说,如《水浒传》《三国演义》《西游记》《红楼梦》《儒林外史》等,虽然是古人的口语,但对初中阶段的孩子来说,只比文言文略为好懂一些。阅读这类小说时可以不求甚解,记住关键事件、情节即可。比如阅读《西游记》,令孩子印象深刻的情节是三打白骨精、大战红孩儿、三借芭蕉扇……记住的是一个个神奇的人物,以及他们有趣的话语、个性化的动作。在阅读过程中,他们无须追查每个字词的意思,情节落到孩子眼中,慢慢地就会沉淀在孩子心里。很多孩子之所以对古代白话类经典作品不感兴趣,是因为家长常常要求他们对作品进行精确的解析,这样就破坏了他们阅读的流畅性。

很多孩子喜欢阅读现当代经典小说,题材众多,流派纷呈,手法多样。但孩子多是喜欢那些曲折的故事情节和丰富的人物形象,阅读时并没有真正理解小说表达的深刻主旨和作者的创作意图。因此,在孩子阅读现当代经典作品时,家长要引导孩子细细琢磨和品味。阅读前,理解作品创作的背景、作家的创作思想等;阅读中,沉浸到作品里,感受人物的情感变化,了解作品的艺术手法等;阅读后,明白小说里的世界是一个虚构的世界,也是现实世界的投射,孩子可以通过这个虚拟的世界去感受别样的人生,拓宽自己的眼界,丰富自己的情感。

阅读想象类小说时,孩子可以不求甚解。家长一定要放飞孩子的想象力,不用过于强调作品的逻辑性和可能性。孩子如果在阅读之初,将注意力放到作品叙述的逻辑上,就会丧失很多阅读乐趣。孩子只有先读出乐趣,才能去思考,才能把名著里的内容内化为自己的精神基础,而不是单纯做名著的复读机。

79. 如何引导孩子重读经典?

经典而深广的意蕴使得"一千个读者就有一千个哈姆雷特",有时候一个读者也会读出"一千个哈姆雷特"。不同的读者读同一部经典作品会产生不同的感受;即使是同一个读者,在不同的心境、不同的人生阶段读同一部经典作品也会产生不同的阅读感受。所以,经典是常读常新的。那么,家长应该如何引导孩子重读经典呢?

初读经典时,孩子关注的重点常常在作品的主要人物和主要情节上,而往往无暇顾及其中的许多细节,这就给再次阅读留下很大的空间。重读经典时,家长要引导孩子抓住细节,一探究竟。如鲁迅的《祝福》,初读时,孩子了解了作品的主要内容,感知了主要的人物形象。重读时,家长需要引导孩子关注细节:祥林嫂第二次讲狼吃阿毛的故事时,男人们本来是打算调笑祥林嫂,后来没趣地走开;女人们"却不独宽恕了她似的,脸上立刻改换了鄙薄的神气";一些老女人"特意寻来,要听她这一段悲惨的故事",最后还要"满足的去了,一面还纷纷的评论着"。祥林嫂的悲惨遭遇,在镇上的人们那里却是悲惨的"故事"。鲁迅用"故事"一词，分明含有嘲讽之意。这样的细节体现了鲁迅非凡的笔力，刻画出镇上的人们集体无意识的冷漠和麻木，令人不寒而栗。当然，孩子对细节的解读功力不是一朝一夕能够养成的，家长要坚持引导孩子养成对经典细节关注并解读的能力。

　　重读的重点绝不只是细节赏析。阅读整本书，初读多是感受作品内容，重读时就需要探究作品的主旨，体会作品的艺术手法，理解作品内容之间的联系。

　　孩子在重读时可能产生很多的困难，毕竟重读的要求更高，这些困难，孩子也许一段时间内无法解决，家长需要耐心等待。只要孩子认真思考了，慢慢地就会有进步。年年岁岁人不同，随着年龄渐长，重读同一部经典，孩子的感受会逐渐丰富。

80. 怎样引导男生阅读《红楼梦》?

男生不喜欢读《红楼梦》，叫它"催眠书"，无论如何都提不起阅读这部书的兴趣。《红楼梦》是一部封建社会末期的百科全书，建筑、诗词、饮食、服饰等各个领域都有所涉及。有些男生因为对这些内容不感兴趣，就对《红楼梦》这部书产生敬而远之的情绪。所以，家长引导男生阅读《红楼梦》，可以运用以下几种方法：

跳跃式读书法。《红楼梦》里面对服饰、配饰等大段的描写随处可见，且有不少生僻字，影响阅读的连贯性，也影响阅读的速度。既然如此，不妨跳过去，不读这部分。等到有时间了，有兴趣了，有阅读能力了，再去读。运用跳跃式读书法，不影响对整部作品故事情节、人物形象的了解，有利于引导偏爱故事情节的男生读下去。

观看影视作品。《红楼梦》很早就被搬上了屏幕，尤其是1987年版的同名电视剧，堪称经典。对原著不感兴趣的男生，可以通过观看电视剧了解这部鸿篇巨制。通过影视演员的表演，书中的人物有了鲜活的生命，观众可以直观地看到他们的举手投足、一颦一笑，感受他们的喜怒哀乐。那些生动鲜活的画面、接近生活的语言，能帮助男生走进《红楼梦》，引发他们阅读原著作品的兴趣。

用"听"培养"读"的兴趣。男生可以通过听书APP将《红楼梦》的音频资料下载到手机或电脑中，在上学、放学的路上或是其他的闲暇时间收听。在一些APP中有关于《红楼梦》的讲解，如《细说红楼》。有人就曾经用了一年半的上、下学的时间，听完了《细说红楼》，既打发了路上无聊的时间，又开阔了视野，增长了见识。对于那些不喜欢读原著的男生来说，可以借助这样的APP走近《红楼梦》，进而开启阅读《红楼梦》原著之路。

家长不要把读《红楼梦》当成一件十分艰巨的任务，逼着孩子完成，越是这样，越会使孩子产生畏难心理，甚至产生逆反心理。读过《红楼梦》的人都知道，住在大观园里的那群人，贾宝玉、林黛玉、薛宝钗、史湘云等，其实还只是一群十几岁的孩子，和中学生的年龄接近。家长可以告诉孩子，"读他们的故事，就像读校园文学一样，是在读青春王国发生的故事，是在读同龄人的故事。"这一定会比拿着书在后面催促着孩子读的效果好。

81. 如何让女生爱上《三国演义》?

《三国演义》被认为是全民的历史教科书,但很多女生也许会撇嘴。因为《三国演义》里充满刀枪剑戟的打杀,细腻、沉静的女生并不买账。那么,如何让女生爱上《三国演义》呢?

既然女生不爱打打杀杀,那就另谋出路,从书中的计谋入手,可以设计以"计谋"为主题的《三国演义》整本书阅读活动。

第一,阅读单一计谋的故事。结合"××计"的背景和过程,了解"××计"的条件和采取的措施,然后依据结局来认识该计的实施效果。以此类推,按照这样的思路去阅读《三国演义》每一个计谋的故事。

第二,阅读多个计谋的故事。多个计谋的故事涉及的人物和情节往往错综复杂,阅读起来会有些困难。比如,《三国演义》第五十四至五十五回的故事:先交代刘备一方和孙权一方互相斗计的背景;接着,东吴的周瑜设"调虎离山计",诸葛亮用"打草惊蛇计"破解;东吴的吕范设"笑里藏刀计",刘备用"苦肉计"破解,孙权用"李代桃僵计"推脱;孙乾设"偷梁换柱计",刘备与孙夫人成功结亲;周瑜设"美人计",诸葛亮用"走为上计"破解;张昭设"擒贼擒王计",诸葛亮用"偷梁换柱计""以逸待劳计"破解;面对周瑜的追杀,诸葛亮设"关门捉贼计"大败吴军,周瑜被气晕。以三十六计为线索阅读《三国演义》,能够帮助女生很好地理清人物关系,梳理故事情节。渐渐地,女生就能走进《三国演义》这部作品了。

引导女生爱上《三国演义》,还可以借助游戏《三国杀》,开展以"《三国杀》里品三国"为主题的读书活动。《三国杀》是一款曾极为风靡并广受赞誉的网游,许多设计极为精妙。《三国演义》中几乎每一个重要人物都有其对应的游戏角色卡,每一个角色卡均有其特殊的技能,而每一项技能的命名和用法都跟该角色在小说中的身份、本领、个性及其经历的事件有关。比如,刘备有一项技能叫作"仁德",这跟其人物形象有关;貂蝉的两个技能分别叫"离间"和"闭月",前者与王允巧施连环计,利用貂蝉成功离间董卓、吕布的事件相关,后者因其闭月之姿色的典故而生。鼓励女生和男生一起阅读、一起探究,阅读时结合游戏角色卡理解《三国演义》的内容与人物。当然,这里主要是希望借助游戏卡的知识,帮助女生理解人物,掌握故事情节,但不可因此沉迷游戏中。切记:以适量适度地游戏促进阅读原著才是我们要达到的目标。

82. 如何引导孩子在阅读和写作之间搭建桥梁?

对于孩子阅读"雁过无痕",写作"无语凝咽"的现象,很多家长常常感到困惑、忧虑。那么,家长应该如何引导孩子在阅读和写作之间搭建桥梁,让阅读的输入和写作的输出对接呢?我们从以下三个方面给出建议。

第一,家长可以引导孩子带着期待去阅读,让孩子大胆猜想名著的内容,对文本产生亲切感,与作品产生共鸣,进而主动去体悟作品表达的情感,领会作品的情趣。

第二,家长可以引导孩子把灵光一现的感受及时、清晰地记下来,或长或短,或写在日记上,或通过微博、微信公开发表。当孩子以微博、微信公开发表自己的写作时,就会与很多人互动。他会发现,他的快乐是一群人的快乐,他的忧虑是一群人的忧虑。当孩子在这个过程中获得更多的认可时,就会越来越习惯于主动表达。孩子的思路打开了,主动思考多了,感受更深沉了,慢慢地,孩子就会爱上写作。

第三,家长可以根据文本的特点,引导孩子采取扩写、补白、仿写、改写、续写等多种方式表达自己的思考与感受，实现自己阅读的理性升华。其实文本的意义在一定程度上是由读者创造的。如读《三国演义》时，家长可以给孩子布置专题写作任务：我最喜欢的三国人物；令我印象最深的一场战争；谈谈刘备的"哭"；说说曹操的"笑"；评价一名三国的武将；评价一个三国的文才；评评三国中的奇女子；刘备、曹操与孙权之比较；卧龙和凤雏之比较；浅说《三国演义》中的忠、义、智……家长还可以鼓励孩子尝试改写：任选《三国演义》中的一个人物，以第一人称的口吻写一段自传；将"武乡侯骂死王朗"的故事改写成一个小剧本；扩写单刀赴会的故事情节……这样家长就可以帮助孩子在阅读与写作之间架起桥梁，既能提高孩子的阅读效率，又能提升孩子写作的能力。

　　胡适先生说："发表是吸收智识和思想的绝妙方法。吸收进来的智识思想，无论是看书来的，或是听讲来的，都只是模糊零碎，都算不得我们自己的东西。自己必须做一番手脚，或做提要，或做说明，或做讨论，自己重新组织过，申述过，用自己的语言记述过——那种智识思想方可算是你自己的。"所以，必须打通阅读和写作之间的通道，通过写作把经典作品的精髓内化为孩子自己的东西，成为孩子自己的智识思想。

83. 写作业时间严重挤占阅读时间，怎么办？

有的家长希望孩子多阅读，但前提是孩子要先完成学校的作业。可是孩子完成作业后时间已经很晚了，常常没有足够的时间进行阅读。于是，家长就很困惑：写作业时间挤占了阅读时间，怎么办？其实，如果我们有"时间管理"的概念，是不存在"挤占"这一说的。

第一，给大家介绍一个方法，叫"柳比歇夫时间管理法"，这种方法因苏联昆虫学家柳比歇夫五十六年如一日对个人的时间进行定量管理而得名。这种方法建立在数学统计的基础之上，重点是对消耗时间的记录进行分析，使人们能正确认识自己的时间利用状况，并养成管理自己时间的习惯。家长可以指导孩子对自己的时间进行记录和分析：放学路上等车的时间，坐公交车的时间，放学步行回家的时间，学校午休的时间，晚饭前半小时，晚饭后半小时，写各科作业的时间，睡前时间……时间一经量化，你会发现，其实有大量的时间可以被充分利用，写作业和阅读名著的时间是不会发生冲突的。所谓的"挤占"，只是人为地把写作业的时间和阅读的时间重叠了而已。饭前半小时、饭后半小时，加起来就是一个小时的时间，用来阅读足矣。

第二，家长要教会孩子利用一些碎片时间。碎片时间是闲散的、零碎的、未被计划的，特点是零散、无规律、时间短，等车、排队、等人等情况下所用的时间就是碎片时间。这种时间不太适合深度阅读，可以阅读一些心灵鸡汤类的短小文章，或者阅读一些富含哲理性的语段，或者阅读一些趣味性比较强的故事书。相信，通过日积月累，孩子的阅读量和阅读能力自然会有所提升。

84. 孩子旁听名著阅读讲座有什么好处?

现在的名著阅读讲座很多,有的家长想带孩子去参加,又担心孩子听不懂,也担心孩子听得一知半解,弄成了"夹生饭",反而对以后的阅读不利。其实,这种担心大可不必。让孩子旁听名著阅读讲座,好处多多。

第一,可以让孩子走入一种阅读的氛围。每一场讲座都是主办方精心设计、主讲人精心准备的。主讲人的旁征博引,听讲者的认真聆听,主讲人与听讲者之间的互动等,会形成一个既严肃认真又活泼生动的氛围。孩子置身其中,会受到潜移默化的影响,会自觉地在专家、学者的引导下对名著产生阅读兴趣。在这种良好氛围的熏陶下,再加上科学方法的指导,孩子想不爱上阅读都难。

第二,可以带给孩子一定的知识积累。家长不必担心孩子听不懂,知识的积累有个过程,有个量变到质变的过程,有个"悟"的过程。这个过程是长期的,而非一蹴而就。孩子听懂多少没有关系,只要他置身其中,哪怕只是听懂了一点点,也是好的。日积月累,孩子的知识量就会增加,孩子的思辨能力也会提高，随着年龄的增长，这种能力会逐渐显现出来，对今后的学习大有裨益。

第三，可以培养孩子阅读的兴趣。兴趣是最好的老师，阅读更是如此。经典作品，不仅包括故事情节紧张、人物形象生动的文学类书籍，还包括哲理性较强、专业知识性较强的科学论著。对那些有故事情节、有人物形象的作品，专家通过专业而饶有趣味的解读，会立体地再现情节，引发孩子的阅读兴趣。而那些相对深奥而艰涩的科学论著，如果让孩子自己读，恐怕读不上几页就没了兴趣，但是旁听讲座可以减少孩子自己阅读的难度和枯燥性。聆听专家的解读，丰富自我的认知，渐渐地，孩子就会产生阅读的兴趣。

85. 如何激发孩子持久的阅读内动力？

家长的"要孩子读"和孩子的"我要读"，哪个更有价值，更能出成绩？答案不言而喻。"我要读"才是孩子持久的阅读内动力，才是做好阅读这件事的前提。就此，为家长提供以下四个方面的建议：

第一，家长应促进孩子与同伴间的互动交流。家长都有这样的体会：在自己家里吃饭，孩子往往吃得不积极，但若是和好朋友一起吃饭，孩子的饭量会大增。激发孩子持久的阅读内动力和吃饭的道理是一样的。和同伴共读，能引起孩子强烈的参与渴望，一方面和同伴有共同的话题，另一方面增进了友谊。孩子互相交流读书体会，各抒己见，读书的热情会高涨起来。到了最后，不再是家长要求孩子读什么，而是孩子主动阅读，互相学习，从而弥补自己在阅读上的不足。孩子读书不再是短期的行为，为了和小伙伴进行持续交流，他会一直读下去。

第二，家长应经常带孩子去图书馆、阅览室看书。图书馆里专门开辟了孩子阅读的空间，安静的氛围会让孩子很快进入书的世界。有的孩子坐在书架下，挑几本自己喜欢的书翻看，翻看的过程就是和书亲近的过程。阅览室更是一个让孩子自觉走近图书的场所。孩子在这样的环境里浸润久了，自然培养出书卷气，会自然而然地想要与书为伴。

第三，家长应积极与孩子共同阅读。家长是孩子的第一任老师，家长的阅读习惯会潜移默化地影响孩子。要想激发孩子阅读的内动力，家长就要参与孩子的阅读过程。可能有的家长会说："孩子不喜欢我参与。"这里所说的参与，不是唠唠叨叨地在孩子耳边表达自己的观点，把自己的读书体会强加给孩子，而是和孩子共同阅读。对于低年龄段的孩子，家长可以和他们进行角色扮演：当孩子扮演的"小白兔"智斗爸爸扮演的"大灰狼"并取得胜利时，孩子会有成就感和自豪感；当孩子扮演的"卖火柴的小女孩"在寒冷的街上渴望着温暖的时候，孩子也能体会到心酸与难过……角色扮演会帮助孩子很快进入情境，爱上阅读。对于较高年龄段的孩子，家长可以在和孩子共读一本书后，交流各自的心得体会。

第四，家长应善于利用资源，激发孩子的阅读兴趣。家长不妨带孩子多去参加博物馆、科技馆等组织举办的公益讲座。现在手机、平板等电子产品中有一些讲座类的APP，家长不妨下载一些口碑较好的，让孩子多听一些，多参与一些。这样能引导孩子自觉地关注阅读，走上阅读之路。

阅读离不开生活，要想激发孩子持久的阅读内动力，家长就要想办法把阅读和生活紧密地联系在一起，让阅读在生活中持续发酵，孩子就会获得源源不断的阅读内动力。

86. 小学生和中学生阅读《西游记》，要求有何不同？

《西游记》把浪漫主义的幻想发挥到了极致，书中的人物上天入地，几乎无所不能，呈现给孩子一个别有洞天的神奇世界。中小学生都对这部作品怀有极大的兴趣。但是，中小学生阅读这部作品的要求是不同的。

对于作者及作品，小学阶段要求一般了解；而中学阶段要求正确写出作者的姓名、生活的朝代和作品的名称，并能对作家及其作品做简单的介绍。

对于故事情节，小学阶段要求简单了解一些典型的故事情节即可，如三打白骨精、大战红孩儿等；而中学阶段则要求能用简洁的语言概括作品的主要内容和一些精彩的片段。

对于正面角色，小学阶段要求了解唐僧、孙悟空、猪悟能、沙悟净这些正面角色的典型性格特征。而中学阶段有三个要求：一是了解唐僧、孙悟空、猪悟能、沙悟净的典型性格特征；二是能辩证地分析他们的性格特性，既要看到他们的优点，也要看到他们的不足；三是能把作品中不同的人物放在一起进行比较分析。

对于反面角色,小学阶段要求了解如白骨精、黄袍怪、金角大王和银角大王、红孩儿、铁扇公主、牛魔王、六耳猕猴等反面角色的性格特征。而中学阶段有三个要求:一是了解白骨精、黄袍怪、金角大王和银角大王、红孩儿、铁扇公主、牛魔王、六耳猕猴等反面角色的性格特征;二是能辩证地分析他们的性格特性,既要看到他们的不足,也要看到他们的优点;三是能把作品中不同的人物放在一起进行比较分析。

对于主题,小学阶段要求了解《西游记》的主题是赞颂师徒四人的顽强精神;而中学阶段要求通过查阅文献资料,不仅认识到《西游记》作品的主题是赞颂师徒四人的顽强精神,还能够认识到作品通过虚幻的神魔世界反映了怎样的社会现实。

对于阅读的感受,小学阶段要求简单说出自己的感受即可,不强求深度、广度。而中学阶段有两个要求:一是能说出自己独特的感受,不照搬网上、书上的,而是自己在阅读过程中产生的真实想法;二是能回答一些既关照作品也关照现实的问题,如你看到丑恶现象后,是会像孙悟空一样勇敢地与之斗争,还是采取明哲保身的做法?请结合自己的生活,谈谈个人的理解。师徒四人取经路上经历了九九八十一难,遇到了形形色色的妖魔鬼怪,这些妖魔鬼怪或是邪恶势力的幻化,或是自然灾难的象征,他们狡诈、贪婪、凶残、阴险,正是那些黑暗势力的代表。不仅如此,玉皇大帝统治的天宫、如来佛祖管辖的西方极乐世界,也都浓浓地涂上了人间社会的色彩……中学阶段对主题的理解不再是单一的了,需要孩子通过生活体验表达出自己的见解。

87. 孩子的阅读认识跟成人不一样，怎么办？

亲子共读时，家长经常会觉得孩子的想法有些幼稚、不够成熟，或观点有些偏激、不够客观。于是家长迫切地想转变孩子的想法，结果可想而知，当然是不欢而散。于是，家长就苦恼：这孩子，不听话！遇到这种情况，怎么办？

第一，家长要做个"善听者"。家长要不着痕迹地把自己的阅读认识传达给孩子，不要急于把自己的想法强加给孩子。孩子的认知水平随着阅历的增长会逐步提升，这需要一个过程。在这个过程中，家长应认真倾听，并给予适当的肯定。这是孩子成长过程中宝贵的财富。而孩子愿意和家长分享自己的阅读体会，这是最宝贵的。此时，家长应该安静、耐心地倾听孩子的想法，让孩子充分地表达，这不仅锻炼了他的逻辑思维能力，更锻炼了他的口语表达能力。在倾听的过程中，对于孩子不妥当的想法，家长应采用恰当的方式予以提示，对于孩子正确的想法要及时给予肯定和鼓励。慢慢地，孩子会觉得和家长分享阅读体会是一件快乐的事情。到了那个时候，家长就可以选择恰当的机会跟孩子讨论阅读认识。

第二,家长要做个"会说者"。面对孩子的问题,有些家长耐不住性子,有些急躁,经常会对孩子横加指责。殊不知,家长指责的话语出口的一瞬间,失去的不仅仅是当下与孩子交流的机会,更有可能失去了今后和孩子交流的机会。一般来讲,性格外向的孩子还会辩解几句,性格内向的孩子则会把自己的想法深深藏于心底,慢慢地疏远家长。可见,如果见解不一致,家长要"会说",要策略地说,要能说到孩子的心里,否则不如不说。家长平心静气地把自己的想法说出来,孩子自有他的判断。不要让孩子常怀着一种警惕的心理:哦,爸爸妈妈又来对我进行思想教育了!这样非但不能促使孩子反思与改变,反而会让孩子产生不良情绪,不利于孩子阅读。

88. 如何考查孩子的阅读成果？

对于阅读成果的考查，学校老师可以出试卷，但家长很难出一份试卷。那么，家长应该如何考查孩子的阅读成果呢？答案很简单：聊天式考查。在聊天的过程中做好以下四看：

第一，看孩子能否复述作品的核心内容。复述的一般要求是在忠实原著的基础上，提取主要信息，进行综合整理，再用自己的话有条理地表达出来。复述能加深孩子对作品的理解。家长要根据不同的文体，要求孩子采用不同的复述方式，可以是提纲式复述，可以是全文复述，也可以是片段式复述。如果复述的是故事情节比较强的作品，那么要看孩子对时间、地点、人物、事件的起因、经过、结果这些要素是否复述得明白无误。如果孩子复述得不尽如人意，家长不要着急，复述是一个锻炼孩子多方面能力的方法，只要坚持下去，孩子就会有进步。

第二，看孩子能否评价作品中的核心人物。这个考查专门针对文学作品，因为文学作品是通过塑造生动的人物形象来反映社会生活的。家长可以在孩子读完作品后，让孩子谈谈对作品中核心人物的看法，不仅要把握正面人物形象，也要把握反面人物形象。

比如，读完《红岩》这部书，孩子可以通过解读作品中江姐、许云峰、成岗等核心人物的行为、语言等来整体把握他们的性格特征、思想倾向。家长要看孩子能否说出江姐的沉着冷静、许云峰的机智果敢、成岗的大义凛然，也要看孩子能否说出甫志高的卑鄙无耻。

第三，看孩子能否谈出对作品的理解与评价。这对小学生来说有很大难度，所以主要针对中学生来说。《义教课标（2011年版）》中提出："欣赏文学作品，有自己的情感体验，初步领悟作品的内涵，从中获得对自然、社会、人生的有益启示。"家长要注意，这是阅读高层次的要求，不要强求孩子表达。当孩子表达出个人对作品的理解，家长要予以鼓励，要包容孩子不成熟的看法，因为随着年龄的增长、阅历的增加，孩子的认知水平会得到逐步提升。

第四，看孩子是否了解作品的时代背景。弄清楚作品的时代背景，有助于更好地理解作品，乃至深度解读作品。每位作家都会受到所处社会的背景、时代的风气影响，作家的思想认识必然打上了时代烙印，而作家的思想认识会通过他们创作的作品表达出来。孩子要了解作者所处的时代背景，能够更准确地把握作者在作品中所表达的深刻思想。孩子要想说出作品的时代背景，必须先自主查阅相关资料，这也是一个自我学习的过程。孩子在今后的阅读中如果再遇到与该作品同时代的作品，自然会举一反三、融会贯通的。小学低段孩子的家长可以不做这一步。

89. 如何有效地参与孩子的阅读？

在孩子阅读的过程中，一般家长都有参与孩子阅读的热情，但是有些家长或许采用的方法不恰当，反而弄巧成拙。那么，家长如何有效地参与孩子的阅读呢？恰当的方法有三：

一找。家长可以和孩子一起查找相关的资料，这是共读的一种方法。家长可以和孩子一起上网查阅，或者走出家门，去图书馆、阅览室查阅资料；可以和孩子一起去名人故居、博物馆等处考查资料的真实性、可靠性；可以去科技馆等场所查阅有关科技方面的资料；还可以带着孩子在阅读中所产生的问题去大自然中寻找答案。通过查找资料，家长和孩子可以拓宽视野，丰富见识，让自己的阅读素养丰厚起来。

二听。一是听孩子的复述。家长可以让孩子把作品内容复述一遍，通过复述锻炼孩子的表达能力。二是听孩子的见解。看完一部作品，家长不要急着把自己的感受讲出来，而是先倾听孩子的见解，听听孩子对文本的解读是怎样的、对人物的分析是否全面、对主题的把握是否准确、对相关背景的了解是否全面……比如，读完《西游记》，孩子如果只是看到了师徒四人的顽强精神，说明孩子对文本的解读就是浅显的；如果孩子不仅体会到师徒四人的顽强精神，还认识到作品反映了当时的社会现实，说明孩子对本文的解读是比较深刻的。再比如，对于孙悟空这一形象，如果孩子只是看到了孙悟空的高强本领和忠心耿耿，说明孩子对人物的理解有些片面；如果孩子还感受到孙悟空坚定彻底的斗争精神，说明孩子对人物的把握有一定深度；如果孩子不只看到孙悟空的优点，还看到他的不足，说明孩子对人物的把握就比较全面了。听孩子的见解、分析，既能拉近家长和孩子间的距离，又能让家长了解孩子的阅读水平。

三写。写，不只是孩子写，家长也得写，这是家长和孩子之间一种有效的交流方式。实践证明，家长利用写读书笔记的方法和孩子进行交流，效果非常好。孩子读完作品后，写出自己的想法、感受、体会；家长阅读作品，也写出自己的想法、感受、体会。家长、孩子将各自的读书笔记放在一起，互相读读、评评。这个过程是非常有趣又有意义的，能提高家长和孩子的读写能力。有些家长还可以像语文老师一样对孩子的文章做出自己的评价。这个过程需要家长有极大的耐心与毅力，绝对不能半途而废。刚开始的时候一定会面临很多困难，因为有的孩子不善于写读书笔记，但坚持几次之后，也就没那么难了。这个方法，不仅能实现家长和孩子的无障碍交流，还能锻炼孩子的写作能力，可谓一举两得。

90. 不同学段的孩子适合阅读哪些古典书籍？

有些家长不太认同让孩子读古典书籍，认为孩子读不懂，是在浪费时间。越读不懂越不读，久而久之，孩子就真的读不懂古典书籍了。显然这样的做法是不妥的。古典书籍是中华优秀传统文化的载体，孩子应该学会选择适合自己阅读的古典书籍。

小学低段的孩子比较适合读《三字经》《千字文》《弟子规》《幼学琼林》等启蒙类古典书籍。这些书有共同的特点：短小精悍，浅显易懂，读起来朗朗上口，而且内容丰富，涉及领域较广，历史政治、天文地理、社会生活等。孩子可以通过读这些作品丰富知识，扩大视野。此外，这些作品中涉及的道德修养和伦理思想等内容也很多，是对孩子进行道德教育的材料。同时，这些作品读起来朗朗上口，极有韵律和节奏感，对孩子的语言发展很有帮助。不可否认的是，作品中有些内容需要辩证地看待，可是孩子的思辨性不强，一时难以辨明良莠，家长就要帮助孩子分辨精华与糟粕，并引导孩子在今后的学习过程中慢慢体会。

适合中学阶段的孩子读的古典书籍就比较多了。孩子可以根据自己的喜好、自己的接受能力选择书目。阅读能力弱一些的可以读《世说新语》《古文观止》等。《世说新语》是笔记小说,文字长短不一,其内容主要是记载一些名士的言行与逸事。《古文观止》比较适合广大中学生阅读,书中所选古文,以散文为主,兼收韵文、骈文,篇幅较短,语言精练,便于诵读。阅读能力强一些的孩子选择范围较大,《史记》《国语》《左传》《战国策》《三国志》《庄子》《墨子》等书均可阅读。

91. 孩子不喜欢读外国作品怎么办？

外国作品离孩子的生活有些远，孩子不了解外国作品的历史文化背景，又因译文和原文有些差距等原因，导致很多孩子对外国文学产生隔阂感，对外国作品提不起兴趣。其实，无论是外国作品，还是中国作品，都是人类的精神财富和智慧结晶。可是，孩子不喜欢读外国作品，怎么办？下面给出五条建议。

第一，孩子在阅读的时候，不要刻意给自己强化"我在读外国名著"的意识。其实不论是中国的还是外国的，不论身在何处，人性是亘古不变的。孩子在阅读外国作品时，要有一颗平常心。孩子可以通过比较的方法，尝试把握外国作品中的人物性格特征、主题、时代背景等，体会外国作品中倡导的世界观、人生观、价值观。

第二，孩子应从兴趣出发，读一些自己喜欢的外国作品，那些实在读不进去的书，就暂时放一放。但要让孩子明白，不是一直不读了，而只是暂时不读。等自己能够接受这部书时，再拿起书来读；或者等身边的同学读完了、大家讨论分享时，一边倾听，一边拿起书来，从自己比较感兴趣的情节读起。

第三，孩子有了读书的兴趣，还要注意阅读量。不要给自己布置大量的阅读任务，每天要读得适量，强加给自己很大的阅读量，给自己造成压力，会适得其反。每天读书适量，积少成多，一部作品很快就能读完。此外，要注重阅读不同类型的作品，一方面读起来不至于太枯燥，另一方面可以进行横向比较或是迁移，收获会更丰富。

第四，阅读外国作品的时候，孩子可以尝试跳跃式读书法。作品中个别词语、个别段落，弄不明白意思就跳过去不读。如一些名著中有关建筑的描写，有关宗教的描述，离孩子生活实在太遥远了，孩子一时间很难弄明白，有可能越读越糊涂，越读越没兴趣，那就可以先跳过去，留待以后再读。

第五，购买外国作品时要看出版社。要挑一些知名度高的出版社，他们的出版物质量较高，少有错误，且装帧精美，可以说是"拿着有手感，读着有美感"，孩子会喜欢翻阅这样的外国作品，对外国作品产生亲近感、愉悦感。

92. 如何处理好泛读与精读的关系？

泛读为先。这里说的泛读，不是一目十行地快速阅读或跳读，而是整体把握，一探究竟，观其大略，总揽全局。泛读时，家长可以让孩子边读边在原著上做简要的圈点批注，保证泛读的质量。圈点的内容可以是主要情节和主要人物。家长要鼓励孩子就圈点内容用三言两语进行简单评论，并适当做摘抄笔记，根据自己的理解列出人物关系表、画出人物行程路线图、绘制建筑布局图等。泛读前，家长提醒孩子不必有压力，不要时时想着背记什么内容。

精读其后。泛读是名著阅读的基础工作，可以帮助孩子建构名著作品的基本框架。但只有框架是不够的，还需要精读作品的部分章节，以加深对作品细节的理解，做到既有轮廓，又有细节。孩子在阅读名著时，除了宏观把握和整体俯瞰，还需要有微观的探寻和细节的分析。精读名著，才能深入理解内容，把握情感，形成个性化的阅读体验。泛读有时容易张冠李戴，比如，有人把《三国演义》里孙策做的事情误认为是孙权做的，有人把《红楼梦》里的"三春（迎春、探春、惜春）"搞混了……孩子不是为读名著而读名著,通过精读名著而产生自己独特的见解是阅读的目标之一。泛读能使孩子整体地把握名著内容,精读能使孩子更细致、更深入地探究名著的语言特点、人物形象和艺术价值,更利于孩子在深入理解名著的基础上清晰地表达自己的观点,更利于孩子联系生活实际阐释自己的思考并对作品做出自己的评价。

泛读和精读相结合,泛读为先,精读其后,相辅相成,孩子就能更全面、深入地理解作品。

93. 为何要处理好读与摘、思、写的关系？

读能了解人生，摘能积累语言，思能感悟生活，写能升华情感。"学而不思则罔，思而不学则殆"，孔子早就揭示了学与思的关系。只读不思，再好的文章也可能只是惊鸿一瞥；思考了，将瞬间的感想、启示记录下来，就会在精神上更加豁然开朗。阅读是写作的基础，写作能力的提升离不开大量的阅读。孩子在阅读中掌握作者抒发情感的技巧，摘记相关内容，以积累写作的素材和经验。这既可以促进阅读的深化，又能为情感的释放做好准备。

我们首先应有这样的认识，知识面的扩展与融会贯通、写作技巧的领悟和灵活使用，是写作能力提升的保证。然后在阅读时有意识去摘记那些有价值的文段语句，通过文字与作者对话，深入思考并感悟作品的内容、语言、结构、情感等，领略意境美、布局美、中心美、情感美等。

当然，读和写都离不开思考。思考，是学习的根本，思考与阅读、写作如影随形。孩子在思考中阅读，在阅读中思考，不管是以读促写，还是以写促读，其本质都是以思促学。思考可以唤起孩子阅读的热情，提升他们的阅读水平，使他们拥有更开放的思维空间，从而实现整体素养的发展与完善。因此，读、摘、思、写，思是核心也是重点，家长如果能够引导孩子积极地思考，孩子阅读的质量必定会有很大的提升。

可是，孩子阅读的作品再多，思考的问题再多，如果不能及时借助语言文字将所思所想表达出来，阅读能力和思维能力也得不到有效体现，更没办法判断阅读素养是否有所提升。孩子在写作中思考人生，不仅能加深自己对作品内容的理解，获得更多启发，还可以调节自己的心态。初读一部作品不能了解其中的意味，但是随着感悟能力的提高，也许某一天会突然就有了感触，再行之于文，这也是阅读带来的惊喜。

阅读、摘记、思考、写作，相互作用，相互影响，正所谓"随风潜入夜，润物细无声"，一切都在悄然发生。

94. 如何借助资料深入阅读名著？

借助资料深入阅读名著，家长可能会对此感觉有些困惑，孩子也常常为此烦恼。孩子初读名著时，理解应该是浅层次的，这时可以借助资料来进行深入阅读。兼收并蓄，辩证吸收。

兼收并蓄，就是指在阅读名著的过程中关注不同的观点、不同的评价。借助资料深入阅读名著首先要做到这一点。生活阅历的不同，致使每个人看待问题的角度不同，因此对同一部名著的评价也是不同的。家长可以引导孩子登陆学术性比较强的网站或者查阅相关论文资料，赞赏也好，批评也罢，都要有所了解。孩子可以把这些资料保存起来，以便日后进行对比研究。名著研究，搜集资料是基础工作，将所搜集到的资料进行合理分类才是关键。这样孩子在阅读名著时，才能便捷、有效地利用这些资料。

辩证吸收，意思是读者要善于独立思考，不要迷信书本。辩证吸收，是孩子借助资料深入阅读的第二步。孟子说过："尽信《书》，则不如无《书》。" 当孩子查阅资料，了解了关于名著的不同观点之后，家长要鼓励他们形成自己的思考与评价，不要盲目相信任何一方的观点，而要带着质疑的态度深入思考和分析。比如,如何看待《水浒传》中的鲁智深、林冲、武松、李逵等人,他们究竟是侠义英雄,还是知法犯法之徒,家长要引导孩子多问几个"为什么",让他们有自己的评判。

  借助资料阅读名著时,做到兼收并蓄,辩证吸收,孩子对名著的理解就会更深入、更透彻。

95. 如何评价阅读名著的效果？

有些家长发现孩子很认真地读书，但一考试分数却不高，于是就很急躁，埋怨和指责不断。其实，分数不高，并不能代表孩子的阅读水平就不高。分数和阅读水平并不完全成正比，不能作为评价阅读效果的唯一标准。孩子从内在到外在的诸多表现均可作为评价的标准。以下我们给出三条评价的建议：

第一，看孩子的见识是否丰富了，视野是否扩大了。通过阅读，孩子可以看到自己身边没有的人物，也看到了不同的人性：高尚的、卑鄙的；无私奉献的、自私自利的……看到了他们生活以外的世界：先进的、落后的；富有的、贫困的；顺利的、挣扎的……感受到各种各样的情感：喜悦的、苦闷的；振作的、颓废的；圆满的、遗憾的……如果孩子有了这些方面的见识和理解，说明阅读产生了一定的效果。

第二，看孩子的思想是否成熟了，与人交往的能力是否加强了。人具有社会性，与人交往能力的大小就成了能否立足于社会的重要因素之一。孩子的交往能力有一部分来自阅读。阅读，是间接的社会经验的累加。孩子会在生活中验证阅读中学到的方法与技巧，并不断调整自己的思想，改正错误认识，这实际上也是孩子自我成长必经的过程。通过阅读，孩子思想成熟了，处理问题的能力加强了，这样的阅读就是有效的。

第三，看孩子是否积累了素材，写作水平是否提高了。写作离不开生活，更离不开阅读。有人说：阅读的多少，直接影响着写作水平的高低。这句话是有一定道理的。阅读和写作是相辅相成的。写作的素材来源于生活和阅读，写作技巧也多是在阅读中获得的。语文教育家叶圣陶先生说过："阅读是吸收，写作是倾吐，倾吐能否合乎法度，显然与吸收有密切的关联。"孩子通过阅读积累了素材，写作时能信手拈来。写作技巧也能够由稚嫩到老道，这样的阅读就是有效的。

当然，评价阅读效果的标准还有很多，不管是哪类标准，只要孩子有了好的改变，这样的阅读就是有效果的阅读。

96. 哪方面的书籍适合亲子共读？

在培养孩子阅读能力的过程中，家长扮演着重要的角色。亲子共读，是很多人都认同的阅读形式。共读，并不只是"读"，选书和交流的环节必不可少，因此需要建立"选书——读书——聊书——再选书——再读书"的循环的亲子共读系统，这样既会培养孩子的阅读兴趣，也会增进亲子感情。在孩子不同的年龄阶段，亲子共读的书目类别应有所侧重。

0~2岁的孩子喜欢通过直观的图片来感知生活中的抽象事物，因此建议这个年龄段孩子的家长选择图画较多的绘本。如日本佐佐木洋子编著的《小熊宝宝绘本丛书》，以生动形象的图画描绘了幼儿生活的方方面面，如吃饭、睡觉、穿衣等。这类作品可以通过家长示范、孩子认知的方式，教会孩子生活的技能，同时也会对孩子的智力开发有所帮助。

3~5岁的孩子已经认识了一些简单的汉字，这时候家长可以与孩子共读一些有趣的识字书和儿歌书。我国的儿童启蒙读物《三字经》《百家姓》《千字文》等，汉字覆盖率较为全面，读起来朗朗上口。这些书可以先由家长领读，孩子跟读；然后家长可以给孩子讲一些相关的故事，尝试让孩子进行复述；再由孩子领读，家长跟读。这种在重复阅读中获得的体验能够迅速建立孩子阅读的自信心。

7~10岁的孩子已经学习了拼音和文字，一、二年级适合读注音版文字书，三、四年级的孩子可以在父母的帮助下读纯文字的书。家长要重点培养孩子专注阅读的意识。融趣味性和科学性为一体的科学类图书，家长也可以和孩子尝试共读。如《昆虫记》，作者以儿童能接受的语言，将大自然中独具特色的昆虫，生动地介绍给小读者，家长可以用对话的方式培养孩子的探知精神，这种对话式的交流能帮助孩子获得更有成就感的阅读体验。此外，《DK儿童百科全书》之类的图书也适合家长和孩子以对话交流的方式共读。

11~14岁的孩子已经具有独立意识，也具备了自主阅读的能力，可以阅读一些原版名著了，如趣味性较强的《西游记》、引人思考的《窗边的小豆豆》、饱含哲理的《小王子》等。但是，家长要注意，处于青春期的孩子常常会在阅读中迷惘，因此要有意识地在共读中进行有效引导，每读完几个段落或章节要与孩子及时沟通，和孩子一起乐读、趣读、智读。

97. 如何利用影音资料培养孩子的阅读兴趣？

对于篇幅较长的名著，很多家长常常会利用相关影音资料来培养孩子的阅读兴趣。但是，很多孩子往往会对此产生依赖心理，对影音资料描述的情节、塑造的人物产生先入为主的印象。这样就影响了他们对原著的阅读效果。因此，影音资料用什么、何时用、怎么用，都是家长需要关注的。

第一，要选择公认的经典。家长要选择那些名著还原度较高、经过时间考验的经典影视作品和有声读物。家长可以将这些影音资料中的经典片段播放给孩子看，让孩子对故事情节产生好奇心，但最好不要让孩子从头看到尾，要给孩子留下想象的空间。家长不要让孩子接触那些粗制滥造的改编作品，以免孩子受到一些单纯为了吸引眼球而破坏名著艺术性的影音资料的影响，产生先入为主的错误观念。

第二，家长应在孩子阅读原著前利用好影音资料，然后有目的地引导孩子在阅读后进行对比分析。具体而言，在孩子阅读原著前，家长可以把经典影音资料的一部分给孩子播放，等孩子阅读完原著之后再让孩子对比原著和影音资料的异同。这种方式不仅有助于孩子更好地理解原著的内容，而且会提高孩子的思辨能力。

第三，家长要谨记以原著阅读为主，影音资料欣赏为辅。一些家长和孩子常常主次不分，喜欢"走捷径"，以影音资料欣赏替代原著阅读。先不说大部分影音资料会因为改编者对原著进行了个性化的加工处理，即便是完全按照原著内容演绎的影音作品，也和原著有很大差异。因此，家长要清楚影音资料对孩子阅读起到的只是辅助作用，要坚持引导孩子以原著阅读为主，让孩子真正走上笃行切思的阅读之路。

98. 如何引导中学生在假期阅读名著？

寒暑假是中学生阅读名著，尤其是阅读长篇名著的黄金时间。阅读篇幅较长的名著需要占用较多的时间，不可能完全在学校的日常教学中完成，也不便在日常的零散时间里完成。因此，中学生应该在寒暑假里有质量、有效果地多读些名著。引导孩子在假期阅读名著，家长责无旁贷。

第一，在孩子的假期中，家长要每天抽出半小时至一小时的时间，专门陪伴孩子阅读名著。陪读并非要求家长监督孩子阅读名著，而是要求家长作为一个陪伴者，在孩子读名著的时候陪伴在他身边。中学阶段的孩子也许会排斥家长的管教，但不会拒绝家长和风细雨的陪伴。家长可以在一旁看一些自己感兴趣的报纸或者杂志，但是不要玩手机或者做其他与阅读无关的事情。大家互不干扰，但又相互陪伴，让阅读成为家庭生活的自然组成部分。

第二，家长可以用问读的方式，促使孩子不断地阅读名著。家长只需要问一个问题："我很想听你讲讲，这一章都说了什么内容？"问这个问题的目的，是让孩子及时回顾所读的内容，加深自己的理解和印象。在孩子小的时候，家长一定给他读过睡前故事书，现在角色互换，家长来做一个享受的听者，听孩子给自己讲故事。家长只要在适合的间隙追问几句"然后呢""后来呢"，就能听到孩子讲述的精彩故事。家长与孩子这样开展问读活动，会有力地促进孩子持续地阅读。

  第三，家长通过问读了解了一些章节的内容后，可以尝试读一读孩子刚刚读过的内容，并告诉孩子是因为他讲的故事太精彩了，引得自己忍不住想读。如果家长有什么不懂的地方，也可以请孩子给自己解答，让孩子感受到在阅读方面他走在了家长的前面。中学阶段的孩子开始觉得自己长大了，不再需要大人指手画脚，但如果有一件事情他们能够做得非常好，甚至能领先家长，那他们所获得的成就感和喜悦感是无与伦比的。

99. 名著一定要从头开始读吗?

为什么孩子捧起一本厚厚的名著,才翻了两页就抬起头来跟家长说他读不进去呢?家长可以和孩子一起从头开始读名著。《三国演义》开篇第一章即是洋洋洒洒的几段文字,从汉高祖刘邦一直说到汉末桓、灵二帝身边的"十常侍",迟迟没有乱世英雄征战四方的精彩场面出现。《水浒传》则是铺排了好几段文字,叙述宋仁宗接受朝拜时盛大的场面,孩子看不到梁山好汉被逼造反的精彩冲突。而《西游记》更是开篇诗曰:"混沌未分天地乱,茫茫渺渺无人见。自从盘古破鸿蒙,开辟从兹清浊辨。"从盘古开天辟地开始铺陈。

家长感觉如何?这些开头,不用说中学生,即便是家长和老师阅读,也不免会觉得枯燥,阅读起来有难度。所以,中学生读名著,不一定非要从头开始,家长可鼓励孩子跳读、略读或是速读。开头若是铺垫过长,孩子无法理解其内容,或是觉得无趣,尽可以大胆地跳读过去。往后看到有意思、有兴趣的情节,发现故事中的人物来历或者事情缘由不能理解时,再利用速读法回到之前跳读的部分以略读的方式去找答案。

以《三国演义》为例，这部名著里有很多有意思的故事情节，如桃园结义、三让徐州、白门楼斩吕布等。若是从头开始，无法提起孩子的阅读兴趣，家长可以鼓励孩子按照主要情节进行跳读。比如，直接从刘、关、张桃园结义开始读，然后跳到吕布杀董卓的情节。在读完吕布、貂蝉和董卓之间的恩怨纠缠后，再去回想：这时候刘备他们在干什么呢？他们有没有为除董卓出过力呢？以此为线索快速检索前面章回的标题，找到刘备等人出现的地方，再用略读的方法，大概了解除董卓这段时期刘备等人的所作所为。

这样阅读，既可以维持孩子的阅读兴趣，又能保证孩子的阅读速度，关键是帮助孩子走进了名著。

100. 如何帮助孩子把书读透？

我们都有过这样的读书体验，在读书的时候，会不时地触发原有的知识、经验，或促发我们的想象、联想，这些都是把书读透的重要源泉。如果我们把它们记下来，将是非常宝贵的财富；而如果任由它们消失，那么读完书之后的感觉很可能是空空如也。那么，家长如何才能帮助孩子把书读透呢？

第一，多思。家长应鼓励孩子在读书时多思考，这样书才不至于白读。那么，思考些什么问题呢？比如，作者所说的观点是不是我认可的？如果认可，他和我的想法完全一致，还是有所差别，差别在哪里？如果不认可，为什么不认可，可否举出例子来反驳作者的观点。家长可以和孩子就某一问题进行讨论，多提出一些不同的观点，培养孩子的问题意识和思辨意识。这是把书读透的基础。

第二，多摘。家长应鼓励孩子在读书时摘录一些作家的重要观点，帮助自己理解作品的主题；可以摘录一些警句格言，这些饱含作者思想智慧的句子，可以丰富孩子的认知；还可以摘录一些描写人物、场景、心理等的语句。如果孩子每一次阅读都能摘录出书中的精华并把这些精华消化、吸引,孩子无疑就把书读透了。

第三,多写。家长应鼓励孩子多动笔,把自己的所思所想写下来。写,在形式上是练习表达,实质上是读书的延续和深化。写,要求有更强的条理性、逻辑性,要求观点和材料的有机结合。写,不仅仅可以帮助孩子形成更好的思维,也可以促进孩子更好地阅读。如果家长引导得当,孩子在写作中必定会深入思考作者的思想和作品的主旨等,这也是将书读透不可或缺的一种方式。

参考文献

学术专著

[1] 谢国桢. 明末清初的学风 [M]. 上海：上海书店出版社，2004.

[2] 莫提默·艾德勒. 如何阅读一本书 [M]. 北京：商务印书馆，2008.

[3] 玛丽亚·蒙台梭利. 蒙台梭利早教经典原著 [M]. 北京：中国妇女出版社，2013.

[4] William Damon. 儿童心理学手册 [M]. 上海：华东师范大学出版社，2015.

[5] 叶圣陶. 叶圣陶语文教育论集 [M]. 北京：教育科学出版社，2015.

[6] 格列宁. 奇特的一生 [M]. 北京：北京联合出版公司，2016.

[7] 谢思炜. 杜甫集校注 [M]. 上海：上海古籍出版社，2016.

[8] 朱熹. 朱子读书法 [M]. 天津：天津社会科学院出版社，2016.

[9] 大卫·R. 奥尔森. 杰罗姆·布鲁纳 [M]. 黑龙江：黑龙江教育出版社，2017.

[10] 刘勰. 文心雕龙 [M]. 北京：作家出版社，2017.

[11] 赫尔曼·艾宾浩斯. 记忆力心理学 [M]. 北京：现代出版社，2017.

期刊文章

[1] 薛二勇,刘爱玲.习近平教育思想:中国教育改革的旗帜与方向[J].中国教育学刊,2017(5).

[2] 童庆炳.文学经典建构诸因素及其关系[J].北京大学学报(哲学社会科学版),2005(9).

[3] 刘淼,张萍萍.加拿大契约学习对我国初中语文自主阅读教学的启示——加拿大塔曼纳维斯中学自主阅读校本课程评介[J].课程.教材.教法,2009(8).

[4] 姚林群.阅读能力表现:要素、水平与指标[J].教育发展研究,2012(8).

[5] 潘涌.阅读教育的革命——论PISA阅读素养观的内涵扩展和升华[J].首都师范大学学报(社会科学版),2012(12).

[6] 何光峰.美国NAEP阅读能力评价框架之评价与借鉴[J].教育测量与评价(理论版),2012(4).

[7] 祝新华,廖先.通过主题阅读提升学生的阅读素养:理念、策略与实验探索[J].教育研究,2013(6).

[8] 倪文锦,郑桂华,叶丽新.阅读评价的国际借鉴[J].课程.教材.教法,2014(12).

[9] 雷燕.全科阅读,触摸各个学科的文化灵魂[J].河北教育(教学版),2017(Z2).

[10] 陈久健.阅读训练重在培养提取信息的能力[J].文学教育(下),2017(11).

国家标准

[1] 中华人民共和国教育部.义务教育语文课程标准(2011年版)[S].北京:北京师范大学出版社,2011.

[2] 中华人民共和国教育部.普通高中语文课程标准(2017年版)[S].北京:人民教育出版社,2018.

其他文献

[1] http://chuzhong.eol.cn/beijing/bjzk/201706/t20170614_1528428.shtml.

[2] http://www.zxxk.com/soft/6357143.html.

[3] OECD. PISA 2009 Technical Report[R]. OECD Publishing, 2012.